理系の
[採用・活かし方]
トリセツ

ぱる出版

理系の「採用・活かし方」トリセツ

●第２章　理系採用でぶつかる最初の壁

第3章　テクダン・テクジョは有名会社が好き？

第4章　なぜ彼は大企業を蹴ったのか？

第5章 テクダン・テクジョは「納得」させないと浮気する

●第6章　理系採用未経験でもうまくいく「5原則」とは

●第7章　理系採用であなたの会社が劇的に伸びる

●第8章　AI時代の理系人材「育成」のコツ

●第9章　理系人材の日本分散計画

出版プロデュース：㈱天才工場　吉田浩
編集協力：潮凪洋介・栗栖直樹

序章
「理系採っても何やらせるの?」

本書では、「理系人材」=「理系人材の多くは」と読み替えてお読みください。多くの人材の特徴を踏まえた内容になっていますが、全員に必ずしも当てはまるものではないことをご了承いただければ幸いです。

☑ 理系人材は、ドラえもんのような存在？

私はこれまで1000社以上の経営者を対象に講演を行い、さらに、会社の成長に欠かせない「理系採用コンサルティング」を数多く行ってきました。

その中には、こんな言葉を口にする経営者の方が多数おられました。

「うちの会社で理系を採っても何やらせるの？　どうせすぐ辞めちゃうよ」

どうしてこのような言葉が出てしまうのか。私はいつも怪訝に思ったものです。

でもそこには、一つの理由がありました。「理系人材の採用と活用」の方法について、多くの中小企業経営者が〝何も知らない〟ことが原因だったのです。

理系人材の重要性や活用方法を理解している中小企業の経営者は、実はそれほど多くありません。特に、昭和の社長（60代）は自身が文系出身であることが多く、文系人材以外とは交わろうとしないという傾向もあります。しかし、これからの時代、「理系の採用なくして企業の存続はありえない」と言っても過言ではない――。私は、強くそう思っています。

2000年以降、インターネットが生活に欠かせないインフラとして定着し、ECサイトが実店舗のシェアを急速に奪っていく姿を目の当たりにしたのは記憶に新しいところです。

そして、2015年に行われた野村総研の調査によると、AI化の進展によって、今ある仕事に49％が10～20年後に仕事をロボット等に奪われるそうです。

ＡＩ、ビッグデータ、５Ｇ、ＶＲ……。これらの概念を耳にして、あなたは「自分には関係のない世界のこと」などとタカをくっていませんか？　そんなふうに考えていると、ＥＣサイトにお客さんを取られ、一気に売上が落ち込んで廃業の憂き目をみることになった小売店と、同じ運命をたどることになってしまいます。


そうした問題を解決してくれるのが、本書で述べる「理系の人材」です。

理系の人材を採用すれば、ＡＩ化に乗り遅れずに済みます。また、文系の人が考えたアイデアをＩＴの活用でシステム化し、生産性を10倍、いや１００倍にすることだってできるのです。また、ソフトウェア特許（ビジネスモデル特許）を取得し、ビジネスの幅を大きく広げることも可能です。

理系の人材は、言ってみればドラえもんのような存在であり、同時に企業の存続と飛躍を担う、必須の存在であると言えるでしょう。


この本は、これまで彼らの採用を行ってこなかった企業の経営者や人事部が、自社にとっての「宝物」になり得る、理系の人材を採用し、活かす方法を教える本です。

「まずは赤字を脱出したい。でも、何から始めたら良いかサッパリ分からない……」

「コロナの影響ですっかり客足が途絶えた。こんなとき、Ｗｅｂの分析に強い人材がいたら…」
「ホームページを制作・管理し、集客できる人材が欲しい」
「今まで捨てられていた会社のビッグデータを活用し、新しい顧客層を開拓したい」……
この本には、そんな不安や悩みを解決するためのノウハウが多数紹介されています。

会社の存続、そして発展は、理系の人材とともにあると言っても過言ではありません。これまでやりたかったけれどあきらめていた…という事業も、理系人材の活用さえできれば、もう一度夢を見ることが可能です。

ぜひ、あなたの顧客、ビジネスパートナー、そして、支えてくれる家族や友人が、これから新しく生み出す価値によって、笑顔になる姿を想像してみてください。

この本を読めば、そんな未来がきっと実現できるはずです。

もちろん、理系人材は何もＩＴ系だけではありません。機械系、電気系などの工学系から、物理、化学、数学、生物、建築など多くの分野がありますが、昨今、トヨタ自動車でも〝ソフトウェアファースト〟ということで、機械系技術者であってもＩＴ系技術の習得は必須になりつつあります。本書では、理系人材の理系的〝思考〟は、ＩＴの専門でなくても様々テクニカル知識を活かした活躍ができる特徴があります。将来のＡＩ化、ＩＴ化においても彼らの思考が必要であることを前提に、求められる企業の成長について述べていきます。

☑ 理系採用をしない会社が消える7つの理由

現在、私は企業向けに「人材採用コンサルティングサービス」を提供する「株式会社レガシード(Legaseed)」のＣＯＯ（最高執行責任者）を務めています。

私はこれまで１０００社以上の経営者を対象に、「どうしたら理系人材を採用できるか？」というテーマの講演会を多数行ってきました。さらに個別に、優れた理系人材を採用するためのコンサルティングも行っています。

その中で間違いなく言えることは、「**理系人材を採用しない会社は、今後成長しないどころか淘汰される**」ことです。つまり、この世から消え去る運命にあると言えるのです。

なぜ、企業に理系人材が必要なのか？　その理由は以下の通りです。

1．時代の波に取り残されないために

これから生まれる新しいサービスはすべてＩＴ化、ＡＩ化の中で作られていきます。それができない会社は、当然滅ぶしかありません。

2．理系人材は効率を最大化する

理系人材は最短時間、最短距離で最大効率を目指します。会社のムダがなくなるので、当然売上がアップします。

3．社内の「IT自立」が達成できる

ホームページ制作会社、システム開発会社など、いわゆる「ITベンダー」の言いなりにならなくて済みます。

4．価格競争に負けない

IT化、AI化によって今後、商品・サービス・ノウハウは急速に経費が圧縮されます。経費を圧縮できない会社は、価格で負けてしまいます。

5．経験と勘による経営は生き残れない

令和時代はビッグデータの取得・検証によるマーケティングがスタンダードになっていきます。たとえば、コンピュータは、100万件のデータを1秒で解析することができます。「こうすれば儲かる」という勘による経営は、もはや時代遅れなのです。

6．リモート時代に即したサービス提供ができる

新型コロナウイルスの蔓延によって、日本中の会社がリモートワークを余儀無くされました。商品の販売・流通も、離れた場所から行うようになりました。リモート時代に適した商品販売ができなければ、昭和と同じように、寂れた商店街でホコリのかぶった商品を売ることになってしまいます。

7．労働集約型ビジネスから脱却する

お金と時間と労力をかけるビジネスはおのずと利益率が悪く、いくら稼いでも会社に利益が残りません。ＩＴ化、ＡＩ化などの技術インフラ整備によって、効率よく時間とお金と労力を最大化できます。

こうした利点を並べ、これまで理系人材の採用が頭の隅にもなかった経営者の皆さんに効果を説くと、全員の方が一様に驚きます。

「今まで、考えたこともなかった！」

「そんなことができるんですか？」

「できるものならぜひやりたい！」

生まれて初めて、前向きに理系採用を考えるのです。

本書では、今まで理系採用を考えたことのない経営者、どうやって採用すればいいか分からない人事担当者に向けた初めての本です。

もう一度、私は断言します。理系人材を採用しない会社は、時代の波に取り残され、消え去る運命しかない――ということです。

☑ 2030年にはSEが45万人不足する

2019年の経済産業省のデータ予測によると、「2030年には先端IT人材が45万人不足する」と言われています。

これから理系人材の争奪戦が始まり、理系採用のノウハウのある大企業がすべての〝人財〟を独占してしまうからです。

2020年2月に日本や世界を襲ったコロナ禍によって、大学生の就活は大きな打撃を受けることになりました。2021年春に卒業する大学生の就職内定率（2020年10月1日時点）は69・8%で、前年同月に比べて7・0ポイントの減少。リーマン・ショック後の2009年（前年比7・4ポイント減）に次ぐ大幅な下げ幅となったのです。

ただその中で、文系の内定率が68・7%の低さであったのに対し、理系は74・5%の高さを維持。理系人材の安定した内定率が際立つ結果となりました。

これは、とても大きな事実です。このように、理系人材はどんな危機的な状況下でも多くの企業から求められていることが分かると思います。

しかし、ここで大きな問題があります。

理系人材は大企業志向が強く、日本の会社の99・7%を占める中小企業には行きたくないという想いがあるのです。

その原因は何でしょうか？　理系人材を採用するためには、まずは明確な〝現実〟を知らなければいけません。彼らの本音は、以下の通りです。

1．ブランド企業に入りたい

一流会社、有名会社に人気が集まり、誰も知らない中小企業にはエントリーシートを送ることもしません。

2．親から反対される、友達に自慢できない

仮に魅力的なベンチャーに入りたいと思っても、まず親が大反対します。また、大学の同級生や友達からも、「そんな名前も知らない会社に行くの？」と見下されてしまいます。

3．投資した教育費の元を取りたい

理系人材は文系人材と比べて学費がかかります。ですから、投資した学費の元を取るためにも、生涯賃金の低い会社には入りたくないのです。

4．給料が低いイメージがある

実際に、大手企業の一般的な大卒者の生涯年収が3億7700万円に対し、中小企業は2億5000万円と大きな開きがあります。

5.「中小企業」という言葉が嫌い

理系の発想では、中小企業より大企業のほうが安定しているという思考回路が働きます。実際に、中小零細は大企業より経営が不安定ですから、理系人材にとっては、「倒産するリスクが高い会社には入りたくない」と防衛思考が働きます。

6. 活躍できるイメージが持てない

理系人材は「誰にでもできる仕事はしたくない」と思っています。ダイナミックに自分の力を発揮できる企業を最優先に考えます。

7. 成長ができないイメージがある

中小企業では高度な仕事を任せられるイメージがなく、自分を伸ばすノウハウやスキルが身に付かないと思っています。

このように、中小企業が理系人材を採用するには、7つの大きな壁がそびえ立っているのです。では、どのようにすれば理系人材を採用できるのか？　その答えを明確化するために、本書の各章にわたってその方法論について様々な角度から解説していきます。

理系の採用は今後必須であり、またその方法として様々な戦略を必要としているのです。「そのときになったら採用しよう…」と思っていても、すでに大企業に先手を打たれ、採用することが叶わない状況になりかねません。そのため、理系人材の確保は今すぐにでも始めるべきです。

理系学生の採用・育成が丸わかりの本書を、ぜひ何度も繰り返しお読みください。時代の波にのまれることなく、逆にテクノロジーの力で新しい価値を創造し、社会を牽引することができるはずです。

☑ 小池都知事のカタカナ語はなぜ物議を醸すのか？

「ロックダウン？　パンデミック？　クラスター？　オーバーシュート？　アラート？　もっと分かりやすく日本語で言ってほしい！」――。

これはコロナ禍において、テレビの会見でカタカナ語を連発した小池百合子都知事に対して挙がった、都民や国民の不満の声です。

しかし、カタカナ語が恐ろしいスピードで入り込んで来るのは、テクノロジー業界においては日常茶飯事です。

サブスクリプション、クラウドサービス、ハイエンドモデル、ＭａａＳ、ＣＡＳＥ、シンギュラリティ、ＤＸ＝デジタルトランスフォーメーション、インダストリー４・０、ＳＤＧｓ……。

あなたは、この９個のカタカナ語のうち、いくつ正確に説明できますか？　７個以上説明できない経営者は、学び直しが必要です。

これら横文字を使っているのは、多くはテクノロジー系の人たちやビジネスエリートたちと言うことが言えます。彼らが世の中を牽引し、新しい商品・サービスを創り出し、マーケットを拡大し、何十億円も稼げる会社を作るのです。

たとえば、２０１２年、米フェイスブック社は、写真共有アプリ『インスタグラム』の開発会社を約10億ドル（約８１０億円＝当時）で買収しました。

インスタグラム社は、２０１０年10月にアプリの提供を始めたばかりで、社員はわずか13人。売上高もまだ、ほぼゼロの状態でした。これは、インスタグラム社の持つ技術とエンジニア達の将来性を見込んでの買収劇でした。

そして今、インスタグラムはフェイスブック社の根幹を担う事業の一つとなっています。

こうした企業の例を見るまでもなく、理系人材をどう自社に採用し、そして活用するか？　このことは、企業や個人の今後の生死を分ける重大事項なのです。

だからこそ、企業は理系人材を採用し、時代の変化に備えなくてはならないのです。

理系の新卒社員は、大事なビジネスパートナーです。しかも、あなたの会社に新たな可能性を創り出す、未来創造型のパートナーなのです。

ぜひ理系人材との熱いパートナーシップを築き、リテラシー格差の広がるこれからの経済社会において、「一発逆転」を狙っていこうではありませんか。

第１章
理系人材の価値を知らない社長たち

☑ 理系人材こそ会社成長のキーマン

あなた自身、もしくはあなたの会社が営業系や販売系の会社（いわゆる文系企業）であるなら、これまで社員の採用は、おそらく文系の人材ばかりになっていたのではありませんか？

それは、ある意味当たり前と言えます。文系に属する事業を行い、経営者自身も文系出身であったなら、必然的に「理系の人材」はあなたの頭から排除されているに違いありません。

序章でも触れたように、「理系？　そんなのうちの会社で何やらせるの？　入れても意味ない。どうせすぐ辞めちゃうよ」——。こんなふうに考え、基本的に文系の人材ばかりを採用してきたのではないでしょうか。

けれども、それは大きな間違いです。

たとえば、売上を今後拡大したい、というのはどの経営者も考えることでしょう。そして、売上を3倍に拡大したいなら、人員も3倍にしなければいけない…。そうイメージする文系思考の経営者がきっと多いはず。けれどもそれは、多くの場合で間違いなのです。

仮に社員を3倍にして、結果的に売上も3倍になったとしましょう。確かに売上3倍の目標は達成できたかもしれませんが、それは成長ではなく、単に会社が膨張しているだけ。仮に社員が辞めてしまえば、その分売上も落ちてしまって元の木阿弥です。つまり、本当の企業成長は決して得られてはいないのです。

本来会社として目指さなくてはならないのは、売上の上昇カーブに対して、人件費や販管費の上昇カーブが反比例すること。つまり、人員増を図っても、固定費が増加することなく売上だけが増え、利益を拡大させることなのです。

それを叶えてくれる存在が、「理系人材」ということになるわけです。

たとえば、こんな会社であれば、ぜひ理系人材の採用を考えるべきです。

・売上が頭打ちになっており、業績拡大に限界を感じつつある
・コスト削減をしているつもりが、一向に成果が上がらない

脱・膨張経営

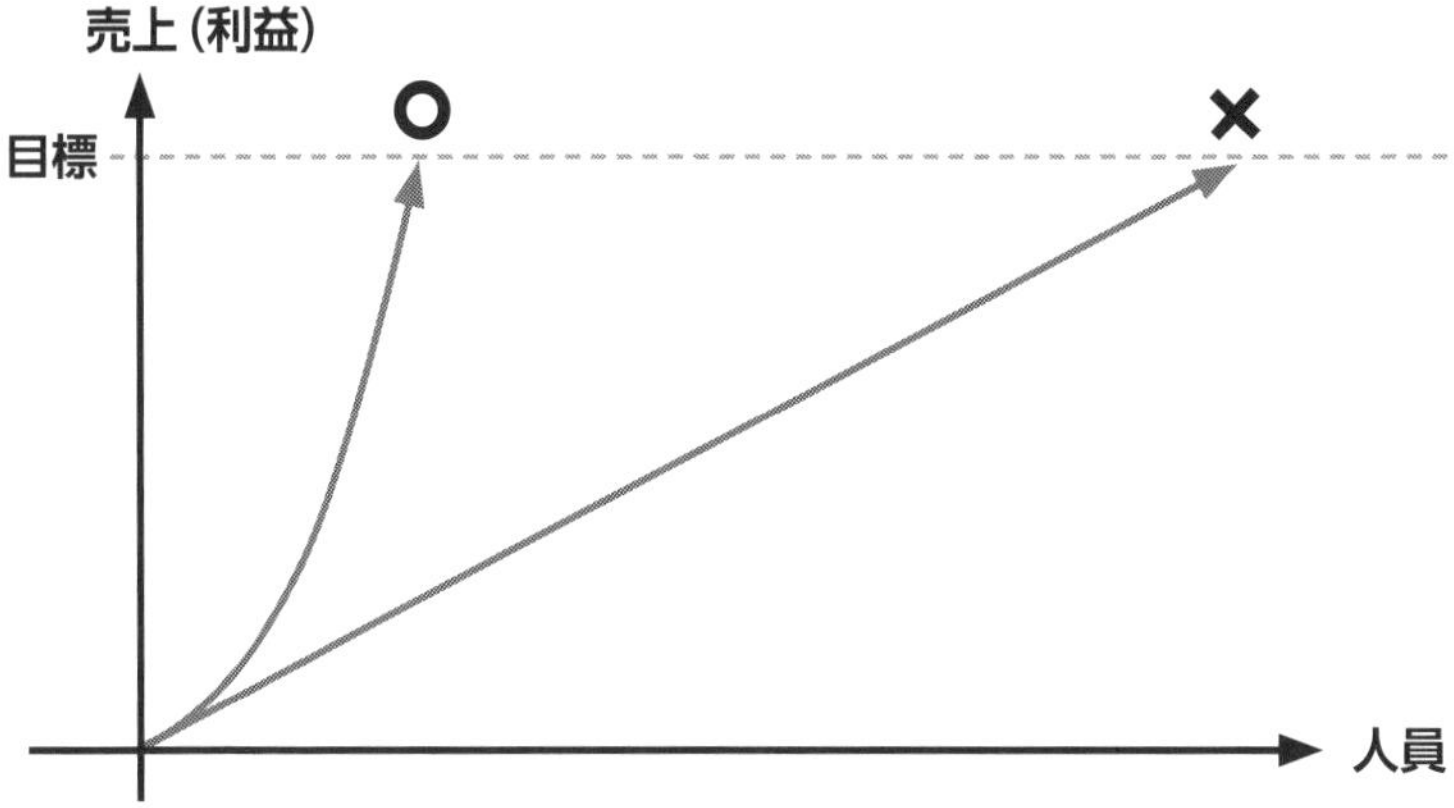

・ＩＴ化の流れに後れをとっていると感じるが、どうしていいのか分からない　etc.

理系人材の活用を知らないままでは結局、人を入れて売上を増やしたとしても、コストも同じように増えてしまいます。会社の売上は大きくなるけれども、会社自体は成長しないという、単に規模が膨張しているだけの状態に甘んじてしまうのです。

その点、理系人材を採用して育成していくと、人員をそれほど増やさなくても、会社の売上の拡大がどんどん進む循環を創ることができます。それが、理系人材を獲得することのメリットなのです。

そのメリットについて、会社の営業活動を例にとって、もう少し具体的に説明しましょう。

たとえば多くの文系経営者の場合、営業成果を求める際は、足を使った怒濤の訪問を奨励しがちです。ひたすら「訪問件数を上げれば成約数も上がる！」と考え、毎日の外回りの件数にこだわる経営者が少なくありません。

もちろん、訪問件数を確保することも必要な要素の一つではありますが、そこに理系の視点を入れて従来の営業活動を分析していくことで、非効率な努力が満載だった状況をロジカルに見ていくことができます。

客観的な視点に基づき、業務プロセスの分析をきちんと行うだけで、いままで正しいと思っていたことの間違いが面白いほど明らかになっていきます。理系人材が自分の視点で仕事の中身を見極め、「そこ、ムダですよね」と明確に指摘していくからです。

ムダを限りなく排除することによって、たとえば売上を立てるための工数がそれまで１００時間であったとしたら、30時間でできるようになります。理系人材ならではの思考回路を入れることによって業務効率が上がり、得られる成果も大きく変わってくるのです。

業務フローの改善によって効率化がもたらされ、人件費が削減できてコストが減り、利益の幅が拡大。いわゆる筋肉質な企業体質を作り上げることができます。加えて、ムダを除いて生まれた時間で、先を見据えた新しい取り組みを始めることもできるでしょう。

大きなコストをかけた多大な設備投資などしなくても、理系人材の思考を入れるだけで、驚くようなレボリューションを会社に起こすことができるというわけです。

コロナ禍を救う、理系人材のテックの価値

もう一つの視点として、理系人材を入れることで得られる、Technical（テック）な面でのメリットがあります。

理系人材が入り、社員の通常業務を理系人材目線でみた場合、視点が文系人材とは違うので、

効率性が悪い部分や、そもそも意味が分からない部分を率直に言ってくれます。

そこに対して、ロジカルに対応方法を考え、何らかの対応するシステムや仕組みを作ることができるとすると、生産性が向上したり、業務品質を改善でき、結果顧客満足度やロイヤリティが高まる好循環が生まれます。そして企業価値の向上に寄与できる可能性が高まるのです。


と言うのも理系人材は、その会社が行ってきたアナログでの仕事の進め方や、旧来型の仕組みを刷新し、新たなシステムに落とし込んでいく発想を持つのがとても得意なのです。

自社の今の業務から法則性を導き出して、どうすればより成果が出るようになるかの道筋を自分の頭の中に描き出します。そして、法則性から得られた仕組みを搭載した業務改善につながるシステムを、新たに創るアクションを起こせるわけです。

実際にそれを創ることで、自社にとっての新たなテックビジネスに変わっていく可能性があります。創り出したテック自体を、他の会社に売ることだってできるからです。

つまり、理系人材によって自社が備えた新たな技術をマルチユースし、従来なかったキャッシュポイントを創り出す。その結果、会社の新たな収益源につながっていくことも考えられるわけです。

特に2020年はコロナ禍によって、各企業の業績に大きな格差が生まれました。言うまでもなく、新型コロナウイルスの感染拡大に対応した業態を持つ企業と持たない企業に生じた業績差です。もっと言えば、コロナ禍に対応すべく社内の業務改革やビジネスモデルの転換をはかった企業か、そうでないかの差であるとも言えます。

この未曽有の危機を乗り切るには、デジタル化・ＩＴ化による生産性の向上や、新しいサービスへの転換などが欠かせません。そうした業務・業容の変革を担えるのも、理系人材の持つ素養であり、優れたスキルなのです。

もちろん、文系の人たちは企業を支える素晴らしい人材であり、会社の成長に不可欠な存在であるのは言うまでもありません。

ただ、そうした人材の活用だけだと、感情や感覚に偏重した経営に陥ってしまう懸念があります。施策がうまくいかなかったときに、具体的でロジカルな検証ができにくいため、後につながる成長要素を生み出しにくいのです。

その点、社内に理系人材がいると、彼らは感情的な側面よりも事実や論理を大切にしますから、会社に失敗があったときも、論理的に事象を振り返ることで、改善すべき会社の弱点に気づけることが多々あるわけです。

つまり飛行機にたとえるなら、社内に活気をもたらし雰囲気を醸成することができる文系人材に、理系人材を加えることで会社の両翼がそろい、バランスのとれたフライトを続けることができるようになります。

実は著者自身、もともと大学までは〝ド文系〟の人間でした。そんな私が言うのですから、間違いありません。文系だけの感性や思考で、会社を回していくのはキケンです。片肺飛行で機体が傾いてしまい、やがては墜落…なんてことになれば最悪でしょう。

文系人材の採用に偏っていた経営者の方は、ぜひとも理系人材への理解を深めていただき、会社の成長を促すキーマンとしての採用を果敢に進めてほしいと思います。

こうしたことができている企業とできていない企業——その差は、経営者や幹部、人事責任者、人事担当者のあなた自身が思っているよりも、はるかに大きなものがあることを、ぜひ知ってください。

☑ 理系人材の思考は、ビジネスの戦略立案にフィットしやすい

人間の思考タイプとして、よく右脳型か左脳型かと言うことが言われますが、理系は相対的に左脳型だと言われます。左脳型は、事実をベースに論理的に情報処理を行うタイプ。ビジネスでは建設的な振り返りを行って改善につなげることが得意です。

営業活動で得た情報から、顧客の「問題点やニーズの洗い出し」を行い、導き出した仮説をもとに「事業戦略の立案」を行うのがビジネスのプロセスですが、実はこのプロセスは、理系学生

が行う研究と非常に似ているところがあるのです。

営業活動において、「お客様を知る」という行動は、理系の研究で行う文献調査や情報収集などの作業に該当し、「問題点やニーズの洗い出し」は、得た知識を整理し、そこから問題提起につなげていく行為によく似ています。

実際の仕事では、その後に事業戦略の立案を行っていきますが、これは実験において「仮説に対する検証を行い、その結果から導き出される結論をまとめる」勉強のプロセスと同じです。


このように、理系の学びや実践は、様々なビジネスシーンで活用できる、とても有用性の高いものです。理系人材が学生時代の研究で育んだ「答えを導く能力」は、企業における新たな価値の創造に大きく寄与できる可能性に満ちているわけです。

そして、身に付けたノウハウやスキル、フレームワークなどを活かし、社会でイノベーションを起こしたいと思っている学生は増えています。従来の概念から脱却し、自分で新しい製品を創り出そうという意欲をより強く持っているのが、今の理系人材だと思います。

☑ 理系人材は「ゼロイチ」を生み出し具体化するエキスパート

ひと口に「理系」といっても、分野はＩＴ関連だけではありません。物理系や数学系、機械や電気、工学や建築土木、化学や農学系、生物系など多岐にわたります。

これらの専門知識をつかって、ビジネスベースで考えるとどうなるか。一般的には、何かを生み出す、いわゆるモノづくりの仕事が中心になります。有形なもの、無形なものを問わず、創り出したいモノに必要な事柄の原理・原則を知っているのが理系人材なのです。

この、「モノが作られる仕組みをロジカルに理解している」ことは、実はとても大きな意味をもちます。

研究・開発畑にいた理系の学生は、自らの開発力によって製品を生み出し、人々の生活を豊かにすることを目の当たりにできる力があるわけです。


理系学生は研究を行う際に、常に「問題提起→仮説立て→検証→改善」を繰り返して研究を行っています。研究がうまくいかないときに、フローのどの段階に問題があったのかを仮定し、一つひとつの問題点を検証しながらＰＤＣＡサイクルを回しているのです。

つまり、粘り強く研究を続けていく根気強さを備え、加えてゼロからイチを生み出すひらめきが生まれるのも、創造性に理論を上乗せしたロジカルな思考力があるから。

各企業において新規事業の創出などイノベーションの必要性が叫ばれる中、常に最新の情報を学び続けられる継続学習力・吸収力を持つ理系人材は、何らかのゴール（課題）に対して、その解を求めていく〝具現化〟スキルは高いので、モノやサービス、事業などを〝ゼロ〟から考案し、それらを具体的なカタチに落とし込む、いわゆる「ゼロイチ具体化人材」であることが多いという点も見逃せない事実であると言えるでしょう。

文系人材は、もちろん発想や着眼点でイノベーションを考案することはできる方はもちろんいらっしゃいますが、具体化・具現化まできる人は多くはないはずです。

☑ 会社が10年前と同じなのは技術者が不足しているから

この本を読んでいただいている方の中には、今の会社に10年以上在籍している方や、それ以上の期間にわたって会社を経営してこられたビジネスマンの方も多くおられると思います。

ここで少し、10年前の自社の状況を振り返ってみると、いかがでしょうか。

会社の仕組みや業務のフロー、何より商材やサービスの種類・質、グレードは変化を遂げていますか？　単なる変化でなく、変革や刷新という何らかのイノベーションが成されているでしょうか？

「そういえば、会社の風景、何も変わっていないよな…」と感じる方は、はっきり言って、理系人材が会社にいなかったせいだと、私は思います。

私が在籍する㈱レガシードは創業8年目になる会社ですが、従来はほとんど文系人材を中心に採用活動を行い、気合と根性の精神論で乗り越えてきたような会社でした。

それがここ数年、理系の人材採用も重視し、多くの理系学生が入社を果たしてくれています。その結果、彼らが戦略的マーケティングのオートメーション化を実現してくれたのです。

営業方法を多角的に分析し、ターゲット企業のセグメントを行った上で、どんな広告を打ち、どうメルマガを配信すれば見込み顧客に開封されやすいかなどの解析によって、見込み客づくりが進み、ハウスリスト（弊社がダイレクトにアプローチできる企業数）も６０００社を超えています。

当社にとって成約につながりやすい企業が絞れているので、効率良くアプローチが図れる営業スタイルへとチェンジできました。こうした変革を成し得たのも、ひとえに理系人材が入ったからなのです。

世の中は今、コロナ禍によって働き方は大きく変わり、在宅でのテレワークはもはや当たり前です。会社の組織作りや業務体制など、様々な仕組みを変えていく必要があり、素早い変革へのアクションが求められる時機と言えます。

これまで文系人材中心で事業を行っていた企業は、理系という違った思考を持つ人材が入ることで、必ず見え方が変わります。その第一歩が、「社長、これって実はムダになっていませんか？」という問いかけなのです。

「ここをもっと効率化したら、社員の生産性も上がりますよ」と気づきを得ることが、会社を現状打破から成長途上へと乗せていく第一歩となります。

つまり企業経営において、現状維持は停滞と同じです。「改善しなくても別に困らない」「改善する必要もない」などと言って、何も変えようとしない経営者は少なくありません。

営業でムダな訪問を繰り返したり、エクセルやパワポで簡単にできるようなことも人海戦術でやろうとする…なんてことは、中小企業では日常茶飯事なのです。

私の知っている大手企業でさえ、文系人材主体の人事部ではつい数年前まで、社員の在籍情報を管理する名簿の作成作業をアナログで行っていました。異動の時期には３～４人の社員が総出で２～３カ月をかけて行い、通常業務に手をつけられないほど忙殺されていました。

また、さらに悲惨なのは、そうした間違った忙しさに対して、社員自身がやりがいを感じてしまっていたことです。いわゆる、会社による「やりがい詐取」の状態です。

そうではなく、時間を圧縮して業務の効率化を図り、空いた時間でもっと会社が良くなるための新たな企画を立案していくような業務体系にシフトしなければなりません。

しかし、従来の陣容や態勢のまま、社長が「新しいことをやれ！」といくら号令をかけても、絶対に無理なものです。この状態が続くと、成果が上がらないものに対して、会社はずっと対価や報酬を払わなければならない危険な体質へと進んでしまいます。

ですから、私はくどいくらいに説明します。理系人材を採用することができたら、業務の基本的なフローや仕組みを必ず変えていくことができるはずだと――。

ぜひ、自社のこの10年の歩みを振り返っていただき、会社はどんな変革を遂げているかの棚卸しをしてみてはいかがでしょうか？

採用業務のやりがい搾取例

◎人事採用業務の層別

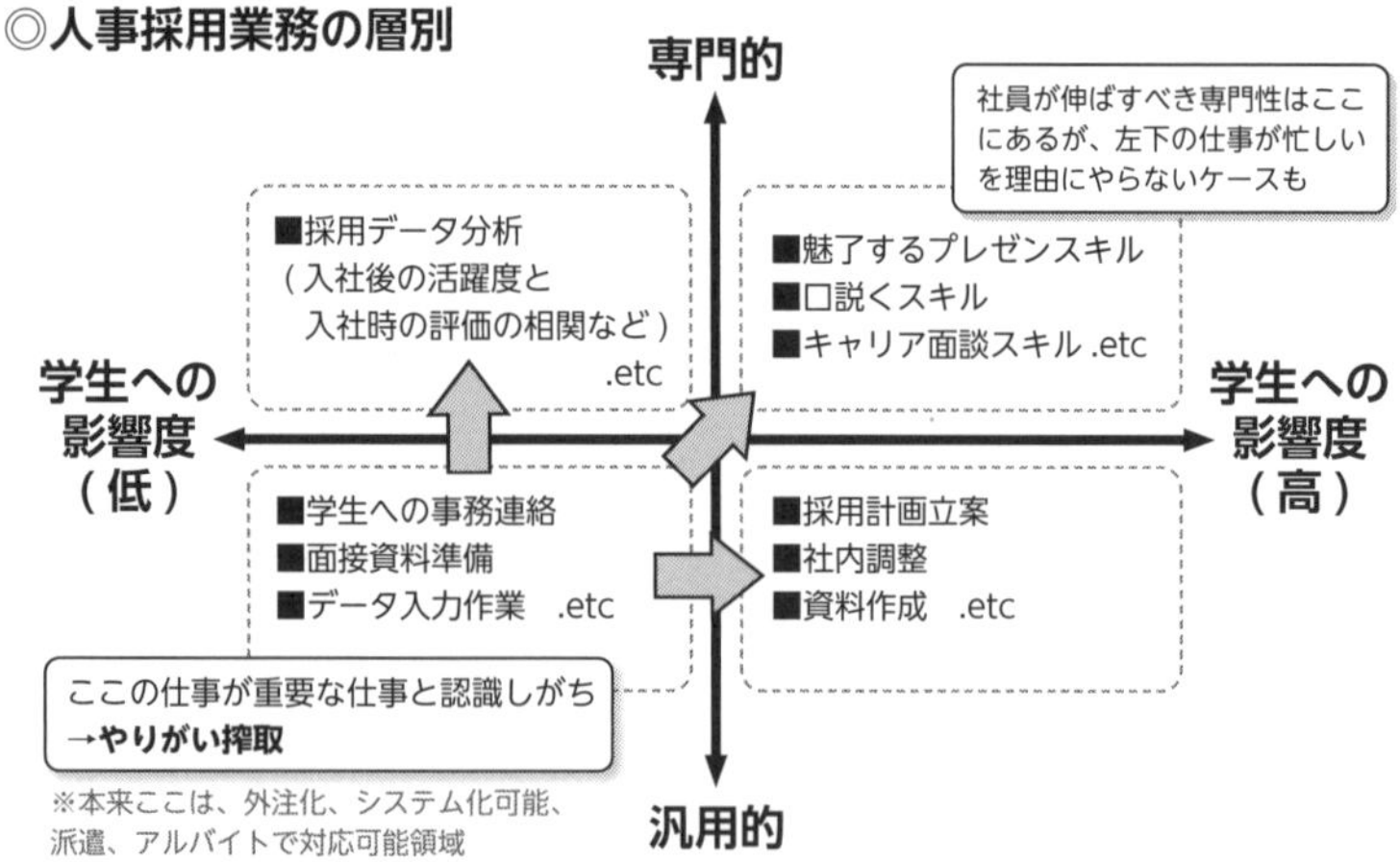

☑ ビッグデータも解析しないとただのゴミ

今や「ビッグデータ」という言葉は、誰しも聞いたことのある一般的なＩＴ用語でしょう。ご存じの通り、Google や Amazon のような巨大企業は、膨大なネットユーザーのデータを詳細に分析しています。そのデータから、画面の向こうにいるあなたが求めている商品やサービスを、ピンポイントで提案してきます。

ビッグデータはマーケティングだけでなく、業務効率化や技術向上にも役立ちます。

たとえば、ある食品製造業の工場では、たびたび機械が故障し、その度にラインを止めて、生産効率が落ちていました。

ところが、集中管理システムを導入してビッグデータを活用することで、機械の故障がいち早く見つけられるようになったのです。さらに、周期的にどの部品が壊れるかも記録し、交換部品を事前に取り置くことも可能になった結果、工場の稼働率は20％のアップを果たしました。

医療業界においても革新的に進歩しています。数十万人のがん患者の生活習慣をビッグデータで解析することにより、どのような環境下でがんが発生しやすいか、未病の段階からアラームを鳴らせるようになったのです。

前置きが長くなりましたが、私が言いたいのは、この「ビッグデータ」を活用することで何らかの経営改善を目指すのであれば、「理系の頭脳が必要」ということです。

これを文系の人材だけでやろうとすると、エクセルの統計学をイチから勉強し直し、手探りの状態から始めることになります。

理系の中でも特にIT系に強い人材を活用すれば、今まで手作業で1週間かけて100件の分析をしていたのが、1秒で100万件のデータを解析できるようになります。

電子決済システムやSNSの口コミなどから人々の行動データを分析し、戦略を立案。データの分析力と従来の常識にとらわれない発想で、自社の課題を解決したり、今までにない価値を生み出すことができるのです。

☑ 自社の改革、改善は難しいとあきらめていませんか？

自分の会社をより良く変えていきたい、と考える経営者やエグゼクティブの方はもちろん多いでしょう。具体的には、新たな業務システムの導入による効率化であったり、コストダウンによる収益の拡大、新規事業や新商品の開発をしたい、人材育成を強化していきたい…といった様々なイメージがあると思います。

「言うのは簡単だけど、それができないから困っている」——確かにそうでしょう。けれども、実現への可能性を広げるのは、そう難しいことではありません。

自社の改革や変革をあきらめてしまう前に、ぜひトライしてみてください。企業や事業の作り手は、まさに人。経営者のあなた自身が苦手としていた（かも知れない）、理系の人材を思い切って採用してみることです。

私が人材コンサルティングを行っている、とあるビルメンテナンスを事業にする会社があります。比較的専門知識を必要とする職種ですが、これまでは文系出身の社員を採用して、イチから育てることを主眼にしていました。理系人材は新卒の求人市場でも数が少なく、田舎企業に来てくれるはずがないとのことから、おのずと採用はあきらめ、文系社員をじっくり育てることを重視していたのです。

既存社員には理系出身者もいれば、販売や制作、まったく畑違いのキャリアの方もいらっしゃり、営業出身者や事務系出身の方が多い中、先輩の職人さんの技術を見ながら、地道に仕事を覚えていくのが基本。一人前になるにはおのずと15年程度はかかってしまう…というのが社内の定説でした。

そんな中で、私がコンサルティングに入って入社後の育成にかかる工数やコスト、また、既存社員の高齢化も考えると、やはり理系を中心に採用することがベターであると提案し、理系採用を本格化させました。その後の活躍度合いを検証してみたところ、理系社員を少人数でも計画的に採用して育成すれば、概ね３～５年で一人前になれる感触を得たのです。

文系人材を採用し、多大な育成コストをかけなくてもよいことと、その理系人材を使って、早期戦力化を実現することで、生産性の向上や、将来の技術継承リスクを大きく下げることに成功していきました。

入社後理系人材を活用し、それまで文系の人たちがやっていた感覚的な仕事の部分を細かくヒアリング。業務の技術的な部分を解析して構造化し、段階を踏んで身につけられるように理論も含めて体系化し、それを整理・統合して、誰でも再現できるようなマニュアルとして落とし込んでいきました。そのプロセスの中で、社員同士で情報共有できる仕組みも作っていったのです。つまり、誰でもそれに沿って経験を積んでいけば、ノウハウが自然と身に付くマニュアルを社内で確立したわけです。

わずか数名の理系社員を毎年採用することで、社内の業務効率化が成され、属人的なノウハウに依存することの多かった技術を「見える化」することができるようになり、たった5分の1の期間で一人前の仕事がこなせるようになる仕組みができあがりました。

その会社では従来、固有技術の習熟まで10年〜15年はかかるため、下積み期間の長さに耐えかねて辞めてしまう人が少なくなかったのです。

それが、多くの社員が約3年で一人前として認められるようになり、早期の退職者が減って定着率が格段に上がるという成果も得られました。優れた理系人材の採用は、このように会社を大きく変え得る力を持っているのです。

☑「気難しい」「使いにくい」と勝手な判断をしていませんか？

文系出身の経営者が、もし理系学生を敬遠しているとしたら、その特徴や特性、人となりに「慣れていない」のかもしれません。

たとえば採用選考の際に、面接で「大学時代、何をやっていましたか？」と聞くとどんな問答になるでしょうか。

「ずっと研究に取り組んでいました」

「どういう研究を？」

「○○理論の○○解析です」

そこで文系の人事担当や文系社長のアタマの中には、「？」ランプが点滅します。

でも理系学生の側は、自分がやってきたことを面接相手に分かってほしいと考え、自分の言葉で一生懸命説明しようとします。しかし、熱心に説明しようとすればするほど、難しい理系の専門用語が口からあふれ、聞いている側はもはやちんぷんかんぷん。理解の限界値を超えてしまい、「もう聞きたくない…」と一気に距離ができてしまうのです。

しかも、いくら聞いても分からないことを、嬉々とした顔で話す相手の理系学生を見て、人とのコミュニケーションや距離感、空気感が分からない、変わった人間、などといった判断を下してしまいます。

一方で文系の人は、上手に相手と話を合わせることができ、程良い距離感を保ちながら、バランス良くコミュニケーションを取る術に長けています。

文系出身の社長や人事担当者は、「社交性があるし、明るくて良い人材だ。やはり理系はダメだな…」と文系の彼らを優先してしまうことになるわけです。

分かりやすくするためにあえて極端な例を出しましたが、多かれ少なかれ、これまで理系人材を採用してこなかった文系企業は、こうした潜在的な認識のギャップを生んでしまっているのではないでしょうか。

確かに文系の人に比べると、理系の人は、多くの人と触れ合ってコトをなす経験が少なく、研究室でも個人でやるケースが多いので、相対的に考えると、若干コミュニケーションをとるのに臆病な人が多く、自分から前に出ていくのは得意ではありません。でも、理系のそうした素養を理解した上で、「その研究のどこに面白さがあるの?」と興味を示し、「それ面白いね～」と言ってあげるだけで、自分のことを分かってくれる、この人なら話ができる、と彼らは感じてくれます。この共感値が、理系人材を採用しようとする際のファーストインプレッションとして、とても大切なのです。

文系の人は、学問的には原理原則を勉強するよりも、出てきた事象を暗記したり、自分の感情や考えをまとめたりするのが中心です。

人間関係も感覚や気持ちを量りながら上手に距離を詰めていくのですが、一方で理系人材は、原理原則を重視し、感覚よりも見えている事象や論理を優先します。そのため相手の思いを汲み取るといったコミュニケーションの取り方が苦手なのです。

文系人材は、初めて会った人には距離感を探りながら少しずつ間合いを詰めていきますが、理系の人は最初一定の距離を取り、自分の好きな領域に共感してくれそうだと一気に距離を詰めてくるのです。私は「中間のコミュニケーションを飛ばす」とよく言うのですが、それが理系人材の特徴の一つと言えます。

理系人材のたたずまいの裏側にあるものや、なぜそうした表現になるのかに想いを馳せ、理解してあげることが最初の一歩になると言えます。

◎筆者が考える「理系学生の特徴」

・自分の専門に対するプライドを持っている
・自分の専門は分からない人には理解されにくいと思っている

・自分の専門のほうが、他の理系の専門に比べて、上位の学問であると思いたい
・自分よりもできる人材が多いと、自分はその専門に向いていないと思ってしまいがち
・草食男子の割合が高い
・中間のコミュニケーションを飛ばす傾向がある
・文字の羅列情報を読むのは苦手
・抽象的な話が苦手
・話の論理矛盾が生じると聞く耳を持たなくなる　　　　etc.

◎筆者が考える学科ごとの学生の特徴

	特徴	就活のトレンド
機械	・モノづくり志向(目で見えるもの) ・機械いじり好き、モノをまず触る ・比較的コミュニケーション力ある	・メーカー志向が強い ・求人倍率が高い ・推薦は使う傾向
電気電子	・モノづくり志向(目で見えるもの) ・昨今は電子系が多い(制御系) ⇔電気系は少なくなってきている ・一番つぶしの利く学問	・昨今企業から人気の学科であり、様々な業界へ行く傾向(倍率高い) ・推薦は使う傾向
情報	・ゲーム好き、プログラミング好き ・モノづくり志向(目で見にくいもの) ・比較的コミュニケーション力が低い	・IT系はもちろん、昨今メーカー系からの人気も高く、銀行 などの業界からも人気(倍率高い) ・推薦も使うが比較的自由応募で活動
物理	・機械系、電気電子系、情報系など	・基礎理論に精通しているので、比較的どの業界でもニーズがある
数学	・工学の基本となる理論の元になる論理を作っているという意識 ・数学に対する美学を持っている	・AIや画像認識系の企業から人気 ・比較的敬遠する企業が多い
化学	・研究はトライ&エラーが多いので我慢強い人材が多い傾向 ・比較的いろいろなタイプがいる	・専門を活かそうとすると素材やケミカル系企業など選択肢が狭いので、まったく専門の異なる分野にも挑戦する傾向
生物・農学	・女性が多い ・研究志向	・医療や製薬業界を目指す人が多いが、どうしても選択の幅が狭く、専門外の企業への就職もある
土木・建築	・意匠系学生は理系っぽさは低い ・研究が忙しい傾向	・ゼネコンを中心とした建築・土木業界が中心 ・就活のタイミングが早い

☑ 中小企業の最大の欠点はＩＴ（技術）リテラシーが低いこと

日進月歩でＩＴ化が進む現代の企業経営では、業容の拡大や業務の効率化のために、システムの利用が欠かせないのは火を見るよりも明らかです。理系社員でなくとも、現場業務をこなしている社員ほど、「ここをＩＴ化したら便利なのに…」と感じることが多いのではないでしょうか。しかし、システムの導入を決断するトップや経営陣は、なかなか現場の状況を感じづらいものです。そのうえＩＴリテラシーが低いと、その活用イメージが湧かず、「システムを入れると負担のほうが増えそう」などと考えてしまい、導入を却下してしまう経営者も多いのです。

中小企業がＩＴの活用を十分にできていない原因の多くは、経営者がＩＴについての十分な知識を持っていないことが挙げられます。

ＩＴやシステム化に対して理解がないどころか、漠然と悪いイメージを持っていたり、ほとんど無知であるケースもあります。そうしたリテラシーの低さが、企業の成長の阻害要因となっていることは珍しくないわけです。

そうした状況を打破するために、理系人材を積極的に採用し、企業としてのＩＴリテラシーを高めていただきたい、というのが本書の趣旨なのです。

ただ、せっかく理系人材を採用しても、彼らと積極的に話したがらない経営者がいます。

多くの場合、理系人材が重視する価値観は、「いかに素晴らしい技術やサービスが開発できるか」といったものです。一方で経営者が考えるのは、ほとんどが売上や利益のこと。そのギャップがコミュニケーションロスにつながり、仕事への期待と希望に燃える理系人材の意欲をそいでしまうことは少なくないのです。

そうした状況を変えるには、やはり経営者自らが、理系人材である社員たちと本音で話してみることでしょう。同じ企業ですから、目指すべきところは本来同じのはず。お互いの価値観や考えを共有することができれば、企業として成長していく力の源泉になり得ます。

また、経営者にＩＴなどテクノロジーの知識がないならば、少なくともその分野において、社長と対等に議論できる役員か担当者を置くことも一つの方法でしょう。

社内に理系思考のリソースを創り出すことで、新しいソリューションを開発し、自社の競争優位性を高めていくことをぜひ考えてみてください。理系人材の力でそれを実現した中小企業は、実際に多く存在しているのです。

大企業は宝の持ち腐れを見過ごしている

理系人材の多くは大手企業に流れている、と前章でも書きましたが、一方で大手企業に入社はするものの、そのあと自分がやりたかった仕事ができているか？　というと、必ずしもそうは感じていないことも事実です。

皆さんは、「**2・6・2の法則**」をご存知でしょうか。これは、どんな集団作りや組織作りを心掛けても、結局は「2割が優秀な人」「6割が普通の人」「2割が粗悪な人」という集団に収斂されていくことを指します。

大企業になると組織の論理がはたらき、その傾向は顕著となります。つまり、2割の人間が優秀な働きをし、6割の人間が普通の働きをし、2割の人間がよくない働きをする人材構成になっていくという意味です。

就職活動で意欲に燃えて大企業に入社した理系人材が、いつの間にか刺激の少ない社内の底流に流されてしまい、意欲が失せて「真ん中6」および「下位の2」になってしまうことが実は多い……。これは、すごくもったいないことだと思います。

就活の際、大企業しか見えていなかった理系学生が、自分の意欲や志向に合致する中小企業と出会っていたら？　自分が培った知識や技術を活かしてくれそうな会社が、目の前に現れていたらどうだったでしょうか？

能力があるのに、大企業の様々なしがらみにとらわれ、実力を発揮できない理系人材は実は多くいます。

もしも魅力的な中小企業に出会い、大手にないやりがいを感じて大活躍し、会社を飛躍させることができたら――。きっと社会の中での「優秀な2割の人」になることを指すものだと思います。それは、採用した中小企業にとっても、入社した理系人材にとっても、まさにＷＩＮ－ＷＩＮの結果と言えるものです。


採用したことがないので自信がない、理系人材ってよく知らないからどうすればいいのか分からない……。そうした経営者の方はきっと少なくないでしょう。

けれども、理系人材を活用して、会社を飛躍させる方法は確かに存在します。

どうすればそれを実現できるのか。はっきりと言えるのは、これまで理系人材の採用実績がない会社であっても、十分に実現することが可能な、最もリアルな「会社を変える方法」が存在し、実在するということ。臆することなく、ぜひ新たな有用な人材の獲得を目指してほしいと思います。

第２章
理系採用でぶつかる最初の壁

☑ 理系学生はイメージよりも「事実」を重視する

就職・転職のための企業リサーチサイト「Vorkers」が2018年に調査した結果によれば、理系学生の注目している企業は、トップ10社中9社が日系大手でした。

また、TOP30でもベンチャー企業は圏外でした。前章でも触れましたが、理系の学生が大手志向なのはやはり事実であるのがよく分かるデータです。

あらためての問いかけですが、なぜ理系学生は、それほどまでに大手志向なのでしょうか？

そこには、多くの理由があります。同時にそれがそのまま、中小企業が理系人材を採用する際の「壁」にもなっているのです。

理系の学生は研究室での研究活動に多くの時間を取られ、就職活動に十分な時間を確保できていない実態があります。

そこで、「聞いたことのある企業」「誰もが知っている企業」が就職先として最初に浮かぶのは、ある意味自然なことです。

次に、ロジカルな理系学生は、企業イメージよりもデータ・実績を重視します。彼らは、データ分析が得意なので、その企業の成長性や生涯賃金を真っ先に試算します。

中小と大企業での1億5000万円以上の生涯賃金格差を考えれば、残念ながら中小企業が対象外になるのも仕方のないことです。理系の学部は、分野によっては非常にお金がかかり、親が自分にかけてくれた教育費を回収できるかどうかも、しっかり考えているのです。

また、レバレッジの効いたキャリア形成も視野に入れています。

大学院や海外研修に行かせてもらえるなど、大手であれば肩書きや経験値を中小の何倍も得られるということは理系学生の間では、もはや常識です。

もちろん、お金やキャリアの問題だけではありません。理系学生は自分の研究分野にプライドとアイデンティティーを持っており、自分のスキルを最大限活かし、活躍したいという強いモチベーションを抱いている人が大半です。そこで、「中小企業では活躍できる範囲が狭いのではないか?」といった不安を感じるのです。

たとえば、『下町ロケット』のように、「宇宙に飛び出す最新ロケットの心臓部部品」を作れる会社がそこにしかなかったとしたら、その一点に希望を見出し、入りたいと考える理系人材は必ずいます。

たとえば、中小企業であっても大手企業に技術提供している会社がそうです。

イスラエルでは自動運転の最先端技術を持ったベンチャーが数多く生まれ、世界中の自動車企業が提携したいとアライアンスを希望しています。

経済産業省が発行している「シリコンバレーD-Labプロジェクトレポート」には、このような事例は山ほど書いてありますので、ぜひ参考にしてください。そこで、「理系人材のスキルと志が必要です」と学生にアプローチするのです。

大手企業の単なる下請けだと思われてしまうと、理系学生は見向きもしません。しかし、大手のダイナミックな事業の一部を、「高度な専門性を持つ我が社が独占で担っている」という位置づけであれば、学生は魅力を感じます。

中小企業では日本トップクラスの技術があっても、その情報を広く発信しているところは、ほとんどないと言っていいほどです。ホームページがお粗末だったり、SEO対策ができていなかったり、マスコミへニュース性を持ってアピールする方法を知らないからです。あなたの会社がどんなに技術的に優れていても、それを探してくれる理系人材はゼロだと思っていいでしょう。

SNS時代は、とにかく情報発信がすべてです。数年前はたった20名だった当社レガシードに、毎年2万人もの学生が応募してくるようになった理由の一つに、情報発信における仕掛けがあります。就職メディア、Facebook、Instagram、TikTok、YouTube、オウンドメディア、学生向けの書籍の執筆、これらを効果的に有機的に組み合わせることで、就職希望の学生はダイナミックに増えていったのです。

基本的な作戦として、注目してくれた学生に、インターンシップの魅力を伝えました。「たった1日のインターシップに参加するだけで、1年分の成長があった」と言った学生もいたほどです。さらに、それが口コミとなって、他の学生を呼び寄せたのです。

社員数たった20名の会社に2万人もの学生が殺到したのですから、きっとあなたの会社にできないはずがありません。もちろん自社には2万人も応募はいらないという経営者様もいらっしゃるでしょうが、数の問題ではなく、中小企業であっても、優秀な学生を引寄せる方法はあるということです。

ぜひ、私たち中小企業に立ちはだかる「壁」を、一緒に取り払っていきましょう。

理系人材はどの池にいるか？

理系人材の採用経験のない中小企業の経営者や人事担当から、「理系学生を採りたくても、どこにアプローチすればいいのか分からない…」との声をよく聞きます。採用活動の際に、理系学生がどこにいるのか分からないということも、採用時の壁となることが少なくないようです。

専門分野の学習に打ち込む理系学生は、文系学生の就職活動の手段とは少し違っています。彼らは日頃から研究などで忙しく、文系と違って複数企業に応募していく余裕がありません。よって理系学生の就活は過去より多くの場合、学校推薦や教授推薦に頼るのが普通でした。何かと多忙な理系の学生にとって、それが最も効率的な方法だからです。とりわけ国公立大学や、工業高等専門学校（高専）の学生はよく使用します。昨今、推薦で企業を受験する学生が減少傾向であることと、推薦で基本採用していた会社が、推薦応募を減らそうとする動きがあるのも事実（トヨタ自動車では2022年卒から学校推薦による採用を廃止していくことが報道されています）ですが、まだまだこの推薦制度というのは生きているのが実態です。

その結果、特に一般の中小企業にとって、理系の学生に遭遇する機会は非常に限られたものになってしまうわけです。

では、大事であるはずの就職活動の時期、彼ら理系の学生は、いったいどこにいるのでしょうか。結論を言えば、大学や大学院など、学校の研究室にいます。

大学3年生や大学院1年生は就活年度になるわけですが、大学3年の後半には研究室に配属になって実際の研究が始まっていきますし、大学院1年生はまさに研究に没頭している最中です。加えて研究室の先生たちは、「早く就活を終わらせて研究に集中しなさい」とプレッシャーをかけますから、就職活動はできるだけ手間をかけずに速やかに終わらせたい…と考えがちなのです。

そのため文系学生のように、自分から合同説明会などのイベントに足を運んだり、数々の就活媒体にエントリーすることは考えず、最小の労力で決めてしまいたい…と思っています。そのため採用する側も、理系学生に会うチャンスになかなか恵まれないわけです。

理系の大学や教授にルートのない企業は、どうしてもインターネットなどの就活媒体への出稿掲載に頼るしかなくなります。そして、「やはり理系の採用はハードルが高い…」と思い込み、あきらめてしまうことになるのです

ではどうすれば、学校の研究室にいる理系の学生にコンタクトし、効果的なアプローチを行うことができるのか…？　安心してください。それを可能にする方法を、後の章でしっかりとご説明しますので。

理系学生の応募形態

応募形態		自由応募	学校推進 教授推進	後付け推薦	マッチング推進	教授・キャリアセンター紹介
特徴		学生側が自由に企業を選び応募していく通常の応募形態	就職担当教授および担当教授からの推薦にて企業を受験する応募形態	企業受験し内定と引き換えに担当教授から推薦状をもらう形態	企業側が事前に学生と面談し、企業側が○という学生を学校が推薦者として応募させる形態	学校側から学生を企業に紹介し学生を応募させる形態
学生	メリット	自由に企業を選べ、同時に何社も受験できる	学校お墨付ということで合格率が高い	比較的内定が出やすい	比較的内定が出やすい	自分で探さなくて良い
	デメリット	自分で探さなくてはならない。競争率高い	内定後に辞退することが難しい	内定後に辞退することが難しい	内定後に辞退することが難しい	選択の幅は学校 に来ている求人に 左右される
企業	メリット	学生に会いやすい	内定後辞退がほぼない	内定後辞退が少ない	内定後辞退がほぼない	自力で学生を集める必要がない
	デメリット	内定辞退される可能性アリ	実績のない企業 への応募が難しい。欲しい学生が応募してこない能性がある	実績のない企業だと推薦をもらえない可能性アリ	実績のない企業は参画しにくい	実績のない企業は参画しにくく、場合によって内定辞退も起こる

☑ 応募者はＯＫでも親が反対する

「理系の大学はお金がかかる」……そんなイメージを持っている方はけっこう多いのではないでしょうか。事実その通りで、日本政策金融公庫・平成29年度「教育費負担の実態調査結果」によれば、大学でかかる教育費の平均は、私立文系が約７４０万円、私立理系は約８１０万円となっています。確かに文系の大学に比べると学費がかかります。

しかも大学院に進んだ場合、卒業までにさらに３００万円以上のお金が必要になるのが普通です。医歯学部系であればなおさら、大学は６年制となり、私立であれば家が建つくらいの費用がかかると言われています。

こうした現実がありますから、いざ就活の時期になると、学生自身も親の意見をむげにするわけにはいきません。親御さんにとっても、子どもが社会に出たら、それまでの「投資」額を回収したいという思いがあるのは当然でしょう。そのため、聞いたことのない中小企業ではなく、高い収入が約束された大手企業のほうにどうしても目が向いてしまうわけです。

私たちも、中小企業のクライアントへの採用支援で理系学生の募集を行う際、最後に学生が就職先の選択で悩むケースが往々にしてあります。その理由に、「親の反対」を挙げる学生は少なくないのです。

「中小企業なんかになぜ行くんだ？」と親御さんから言われ、明確に理由を説明できる学生はそう多くありません。それは裏返せば、企業の側が、自社に入った際のメリットやアドバンテージを学生にきちんと説明できていないからです。

たとえ中小企業でも、優れた人材に対しては高額な報酬を支払う企業は山ほどあります。けれども、そういうイメージがなかなか持てないのが親御さんであり、「成長しているベンチャー企業」と伝えても、事業の詳しい中身までは理解されにくいものです。

その結果、どうしても大手志向に傾いてしまう人は少なくありません。こうした懸念も、中小企業の経営者の皆さんは念頭に置いておく必要があると言えるでしょう。

☑「感情論上司」が理系人材のやる気を奪う

あなたの会社で、こんな場面を目にしませんか？　会議でとある問題が議題に上がったとき、上司が「みんなのやる気があれば必ず解決する！」と自信満々に説くような光景です。

こうした「感情論上司」は、特に理系人材のやる気を急激に奪ってしまいます。

なぜでしょうか。単なる「やる気」だけでは問題が解決しないことを、理系の社員はすぐに看過してしまうからです。

たとえば、人員不足が理由で業務に支障が出ているようなとき、「大丈夫！　みんなが思いやりと情熱を持って仕事をすれば、きっと乗り越えられる！」と感情論に走ってしまう上司。「業務に支障が出ている」という問題に対する解決法がまったく示されず、社員の側は一方的にストレスをためる結果になっていきます。

自戒を込めて、当社レガシードの例を紹介しましょう。

当社の代表である近藤悦康は、私は採用コンサルタントとしては日本一の実績を持つ男であり、またレガシードという会社を立ち上げ、2万人の応募がくる会社へと成長させた稀有な経営者であると常にリスペクトすべき人材と考えております。彼がどんな人材かは、ぜひ彼の書籍もお読みいただけると幸いです。彼はとかく論理派と見られがちかもしれませんが、本来非常に感覚・感情・感性を重視する人間です。

当社にも理系の人材は数名在籍していますが、その中の1人であり、現在はコンサルティング部門のマネージャーを務める川内君は、代表に対する共感値は高いのは事実なのですが、発言やコメントが、無機質で事実をタンタンと述べるようなスタンスなので、否定しているわけではないのですが、否定しているように思われてしまったり、確認をしているだけのつもりなのですが、ネガティブにとらえられてしまうことが多かったのです。近藤からすると元気がない、感情が見えないと言って、他の社員のほうが良く見えてしまっていた部分がありました。

代表自身もいまいち理系出身の人材の扱いになれていなかったこともありますが、当時の当社はうまく引き出せていなかったのです。

指示を受けても、単に「やりなさい」ではモチベーションのスイッチは入りません。もちろん実行はしますが、能率はなかなか上がってこない。なぜそれをやらなければならないのか、それを実行することでどんなメリットがあるのか。理系人材の場合、論理的な理由や納得できる要素がないと腹に落ちず、能率の上がる仕事ができないのです。そうした中で、彼自身もモヤモヤした気持ちを抱えながら仕事をすることが多かったわけです。

それを周りの文系社員は理解できず、彼のことを「なんだかやる気が見えない」「覇気がない…」としかとらえない。本人もモチベーションが上がりませんから、仕事中にうとうと寝てしまう…ということさえありました。

そんなとき、私がレガシードに入社し、名古屋支社を立ち上げる為、メンバーを探しておりました。理系の人材採用、育成のコンサルティングを中心に事業を推進しようと決めていたのと、いまいち機能不全に陥っていた川内君を指名して私の部下にしました。

彼はもともと地方の国立大学で物理を専攻し、非常に地頭の良い人材でした。私は彼のモチベーションが上がるようなアプローチを心がけ、辛抱強く見守った結果、１年後には会社のＭＶＰを獲得するまでに成長してくれたのです。

情緒的に関わるか、論理的に関わるか。部下との関わり方には、その2つが横軸にあります。縦軸は、チャレンジさせる、ステップさせるという2つの要素です。彼の場合は理系ですから論理的、そして着実に一歩一歩ステップを踏みながら進んでいくアプローチが有効でした。それによって、見事ブレイクスルーを果たしてくれたのです。

当社はそれまで、代表をはじめとして、社員に対しては情緒的に関わることを良しとする風土が満ちていました。けれども理系の彼にとってはきっと違和感があったと思います。

「頑張ろう！」と言っても、どう頑張ればいいのかが腑に落ちない。目標にたどり着くためのロジックが描けなければ、モチベーションのスイッチは入らないのです。

自分の中で目標到達の公式が描けず、モチベー

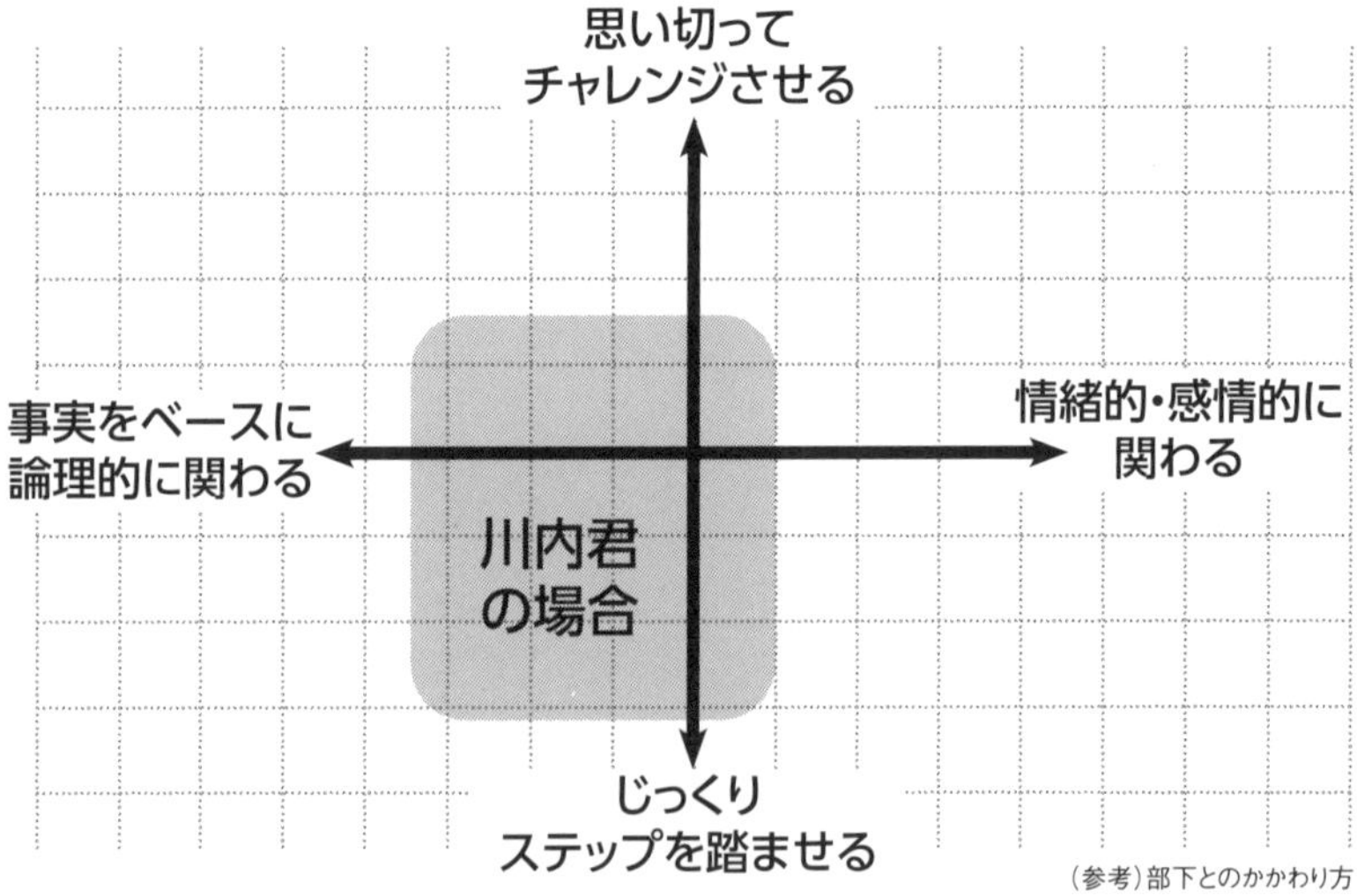

（参考）部下とのかかわり方

ションが伴わない中では決して結果は伴いません。感覚や感情でマネジメントしていくのではなく、ゴールに向かう中での具体的な問いかけをしていかなければ腑に落ちず、道筋を明確化する計算式や公式が描かれていかないのです。

明確な目的や目標を示した上で、仮説検証のプロセスを踏まえ、到達までのマイルストーンを見せていかなければ、理系人材を前向きに頑張らせるのは難しい。反面、それさえ備えれば、想定以上の成長やブレイクスルーを見せるのが理系人材です。その点を、ぜひ経営者や管理者の皆さんには理解してほしいと思います。

☑ 高給は理系人材をつなぎ止めない

理系学生に限らず、中小企業が良い人材を採ろうとしたときに、「大手企業と同等の高い給与条件でなければ、うちには来ないだろう」と考えてしまいがちです。

金銭的条件でアピールしようというのはよくあることですが、結論から言うと、理系人材をつなぎ止める手段は、決してお金がベストではありません。

もちろんお金で動く人がいないことはありませんが、そういう人材だとなかなか長続きしませんし、給与を上げ続けていかなければモチベーションを保てないようでは、責任ある仕事を任せ続けるのは難しいでしょう。

その中で考えるべきは、学生はそれぞれ会社を選ぶ際の、固有の「軸（考え方）」を持っていることです。理念に共感したり、事業に意義を感じる、仕事にやりがいがある、魅力的な社員がいる会社で働きたい…など、自分ならではの「軸（考え方）」があるのです。

中小企業が、自身を大手企業よりも魅力的に見せたいと考えるとき、学生が持つそれぞれの軸にベクトルを合わせていく必要があります。会社の規模感や知名度、ブランドイメージや条件面で、大手と同じ土俵で戦うのは無理がありますから、競合企業と差別化できる明確な軸を打ち出し、そこで勝っていく戦略が必要なのです。

入社後も定着する理系人材は、「自分の技術が社会にどのような影響を与えることができるか」を見ていることがよくあります。

「この会社の技術的な仕事にどんなやりがいがあるのか」――この見方をされることを重視しながら、自社の魅力を上手に見せることで、好感を抱く理系学生は結構いるものです。

学生が持つ「軸」と、企業が打ち出す「軸」とがマッチしたとき、「高給は無理だからあきらめる」という理屈は、学生・企業側の双方にとって、もはや無縁のものであると言っていいでしょう。

☑ 文系役員が「元気がない」だけで落とす理由

理系人材を採用する際に懸念される「壁」について説明してきましたが、「採用活動の選考段階」で生じがちな壁について、ここであらためて書いてみます。

前章でも少し触れましたが、面接選考においてよく起こりがちな例です。

新卒学生の採用選考では、ふつう面接は2～3回程度の複数回実施されます。理系人材の採用を考える企業を例にとると、たとえば1次面接を人事担当が行い、2次は技術系の部署を統括する部門長が行い、最終の選考が役員面接といったケースが一般的です。

一定の評価があれば、1次の人事担当面接で落とされることはまずありません。そして2次選考の技術系の部長は理系の人間ですから、コミュニケーションの波長も合って、合格点を与えて役員面接へと上申します。

入社後に上司となるのはその部門長であり、「この学生は優秀だ」と高い評価を与え、最終選考の役員面接の結果を自信たっぷりに待つわけです。

ところが、最終面接で文系の役員が登場すると、状況に暗雲が立ち込めます。

2次面接では、技術部長は左脳派で論理的な話の掘り下げ方ができ、学生自身も同じような思考で応じながら、技術の話で盛り上がるなど、自分の得意な分野だけに元気に話します。ところが、最後に面接に登場した文系役員には、そうした技術の話をしても十分に理解してもらえません。右脳派ゆえの直感やイメージの中での抽象的な質問を投げかけられ、学生側も戸惑います。そこで、元気や覇気がないととられてしまいがちなのです。

しかも相手は最終面接での役員です。学生は緊張もしていますから、どうしても意欲がないように見えてしまう。その結果、理系人材としては有能な学生でも、「どうも物足りないな…」と落とされてしまう悲劇に直面してしまうわけです。

このように、文系役員との面接のシチュエーションでは、理系人材は気後れしてしまうことが多く、なかなか前に出てこられません。

実際、「理系の人材が欲しい」との要望を受けて当社で広く募集をかけたものの、最終面接でそうした理系の一面を目の当たりにして、「う～ん」と腕組みをして考えこんでしまう役員の方をこれまで多く目にしてきました。

「杉浦さん、理系ダメじゃない？ 元気ないよね」と採用を渋る経営者…。それは単に、その学生の評価がどうなのかよりも、第一に「残念ながら、理系人材のことを分かっておられない」ということなのです。

「あなたの会社のブース」に理系人材が座らない理由

新卒学生の採用活動において、理系学部を対象にした合同説明会のイベントに出展する企業は多いと思います。その際に、「理系を採りたくて合説に出ているんだけど、全然ブースに座ってくれない…」といった嘆きの相談を受けることは少なくありません。

1日がかりの説明会の中で、理系学生が5人や10人しか座らない。それ以上に、まったく見向きもされない…という状況が生まれてしまうのは、いったいなぜなのでしょうか。

中小企業の出展ブースは、大手企業に比べて知名度で劣るのは当たり前ですから、普通に構えて待っているだけではなかなか集客できません。より積極的にアプローチしていくことが必要で、同時に様々な工夫を加えることが大切です。その一つが、何を訴求しようとしているのかを明確にしたブースの作り方です。

ブースの装飾に、電気や機械に関するからくりや構造を紹介する図解を加えたり、実際のメカを持ってきて展示しておくといった工夫を施すわけです。

つまり、入社後に実際に手掛けてもらいたい仕事や業務がイメージできるような「リアルな風景」を、ブース上で展開することが大事なのです。

それを目にした理系学生の多くは、まず足を止めます。そして、「これは何ですか？」と聞いてくれたらもうしめたものです。「これは…」と説明しながら、「どちらの学部ですか？」「どういう勉強していますか？」「その専門性は、当社のこういうところできっと力を発揮してもらえますよ」と具体的に自身の技術を発揮できるイメージを持たせてあげるのです。そうすると、スッと座ってくれるはずです。

そうした工夫をすることなく、ただ漠然とブースを出していても、理系人材の心には決して響きません。つまり、自分の会社が訴求したい内容を、ブースで「見える化」することが大事なのです。

理系の彼らからすると、抽象的な言葉でいくら飾っても、心にはなかなか届かないもの。説明会でのブースでの訴求方法は、文系学生へのものとはまったく異なることを、ぜひ知っておいてください。

☑ すぐに逃げられる、すぐにやめてしまう？

理系人材のことをよく理解しない中で採用活動を進めていき、「とにかく理系がほしい」事情を優先するあまり、起こってしまう悲劇があります。

当社がお付き合いしている、エンジニア派遣の会社があります。「とにかく理系だったら誰でもいい」というスタンスで、ほとんどの学生に内定を出していき、数多くの辞退者が出たあと、残った学生を採用していく手法で社員を増やしていました。

ところが、低いハードルの中で採用していますから、社員が退職していくハードルも同じように低くなります。入社したあと、少しでも嫌なことがあると、考える間もなくすぐに辞めてしまうわけです。

良い理系人材を多く採りたいと思うものの、面接でパーソナリティを深堀することなく、専攻や浅い経歴だけを見て採用してしまう。学生本人も、手応えの無い中で内定がもらえるわけで、「なんで自分が？」というモヤモヤが消えないままでの入社となってしまいます。すぐに辞めてしまうのも、いわば必然の結果と言えるかもしれません。

理系人材が会社を決める際には、論理的に理解できる理由や要因が不可欠で、それがなければ、入社して定着するという流れには決してつながりません。自分への腹落ち、納得感が欠かせないのです。

企業側は安易に内定を出すのではなく、明確なストーリーの中で、「なぜあなたを選んだのか」をロジックで説明していかなければなりません。一見面倒に思うかもしれませんが、理系人材にとってとても大事な要素であることを、ぜひ忘れないでいただきたいと思います。

☑ “うちには入社しない”という勘違い

大手企業を相手に仕事をする、いわゆる下請けの技術系企業の場合は、とかく「うちのような下請け会社には、良い理系人材なんて来ないだろう」と安易にあきらめてしまっている面がないでしょうか。

小さな製造業の会社や、これまで理系の人材を採ったことのない、販売や小売のような業種の企業も、「うちになんか来るはずない」と考えてしまっているように思います。

でも私に言わせれば、それは完全なる勘違いです。

そうしたネガティブ思考を会社のほうが持ってしまっていては、当然ながら学生は寄り付きません。仮に学生が興味を持ってくれたとしても、会社のほうが本気ととらえず、「ウソでしょ」と決めつけて、ときには自分から落としてしまう…といったこともあり得るのです。実際にそうした中小企業の例を幾度も経験しました。

多くの場合、それは企業側の単なる思い込みであり、理系学生に対する買いかぶりです。
まだ20歳過ぎの新卒学生は、まだまだ社会のことは十分に分かっていません。「下請け」といってもピンと来なかったり、サプライチェーン上の重要なポジションであることも理解できていない場合が多いのです。

何より、下請けの会社が特別な専門性や固有技術を持つことで世の中に貢献していたり、元請けの会社にとって、その専門性や固有技術はなくてはならないものであることも多々あります。自社独自のソリューションを持っていれば、下請けなんていう意識はナンセンスですし、学生もそれほど気にしていないものなのです。

そして、「高偏差値の一流大学の理系学生が来ると、逆に困ってしまう」「うちの会社には、そんな高学歴の理系人材なんて必要ない」…などというネガティブな考えは、今すぐ無くして欲しいと私は思います。

本来、自社のポテンシャルを超える人材を採らなければ、企業は決して成長しませんし、代表や幹部レベル止まりの会社になってしまい、持続的な発展は望めません。

今後いっそうの企業成長を図りたいなら、従来入って来なかった高いポテンシャルの人材を採用して、会社に変革をもたらすべく定着させていくべきと考えます。

中小企業にとって、優秀な人材を採用することは、会社にとっての最強のイノベーションになり得ます。従来の自虐的な発想は捨て、企業が自ら設けてしまう「壁」を打破することで、飛躍へのブレイクスルーを果たして欲しいと思います。

第3章
テクダン・テクジョは有名会社が好き?

☑ テック男子、テック女子の新しい呼び方

80年代、コム・デ・ギャルソンやジョルジオ・アルマーニといったDCブランドが一世を風靡しました。

そのときに、ブティックの販売員さんを「ハウスマヌカン」と名付けたところ、憧れの職業として若い女性を魅了し、志願者が殺到しました。

このように、呼び方一つでその職業のイメージが変わり、付加価値として人の心を掴む、という事例は数多く挙げることができます。

マクドナルドはスタッフを「クルー」と呼び、ディズニーランドでは「キャスト」と呼びます。

他にも最近では、美容師のことをスタイリスト、ミュージシャンのことをアーティスト、占い師のことをセラピストと呼んだりしています。

この本では、〝理系人材〟とこれまで記してきましたが、ここで新しい呼び名を考えました。

それが、**「テクダン」「テクジョ」**です。

理系には、残念ながら少々根暗なイメージがあります。まずそれを「テクノロジー」という明るく前向きな言葉で一掃したかったのです。

「テクノロジー」は、新しい戦略や革命、ビジネスモデル、新サービス、新しいマーケットを

開拓できる、「輝ける明日」を表す言葉です。

ですから、「テクダン・テクジョ」と名付けました。

テクノロジー自体も、現代の若い人にとって、良いイメージであることは間違いありません。新しいiPhoneが発売されると、1週間前から行列に並んで購入する人がいます。また効率化メソッドや時短アイテムを専門に配信する「ライフハッカー」は月間3000万PVの大人気ウェブメディアです。それだけ、「テクノロジーはカッコイイし役立つ」という意識が人々に定着しているのです。

理系人材には、「リケダン」「リケジョ」という言い方もあります。

でも、これは単に「理系」と言っているだけで、イメージは一掃されていません。「リケジョ」という言葉は、STAP細胞で注目された小保方晴子さんのブームをきっかけに作られました。

しかし、その後の騒動で、逆にイメージダウンとなってしまった部分もあります。

私は、世の「テクダン」「テクジョ」たちに、単なる専門家ではなく、オシャレでカッコイイ、ブランド的な存在になって欲しいと思います。

この呼び方であれば、文系上位校学生に近年多い、理系への転身も拍車をかけ、文系であっても理系的思考の高い人材をテクダン・テクジョと呼ぶことも可能です。

また、このように呼び方を変えることで、文系社長の意識も変えたいと思います。

文系社長の中には、コミュニケーション力や、押しの営業力で会社を牽引している方が多くおられます。そのような方たちは、学生時代から、理系の人たちを「難しい理屈をこねくり回す面倒な人種」とみなし、「棲み分け」をしてきた経緯があります。

そんな理系人材の呼び方を、オシャレな呼称に変えることで、彼らへの心理的抵抗をなくしていけたらと思います。


理系人材の新しい呼び方について社内アンケートを取ったところ、いろいろな呼び方があった中で一番評判が良かったのが「テクダン」「テクジョ」です。

この呼び方を、いつかマスコミでも話題に取り上げてもらい、日本中に広めたいと思います。

文系社長の中小企業でも、ぜひ騙されたと思って、この呼び方を使ってみてください。

大手に志願しがちな「テクダン」「テクジョ」から、「尊重されている感じがする」「この会社の社風は合っているな」と思ってもらえ、「選ばれる会社」になれるかもしれません。

☑ テクダン・テクジョはどんな会社に行きたいのか？

この章では、テクダン・テクジョは果たしてどんな会社に入りたいと思っているのか。そのことを明らかにしながら、中小の会社が目指すべき企業像について深堀してみたいと思います。

これまでの章の中で、理系学生は大手志向である、とお伝えしました。たとえば大企業であれば、自分の知識や技術がダイナミックに活かせるのでは？　というイメージがあるからです。また、有名会社に入りたい志向性も強いと言えます。

テクダン・テクジョの多くは大学で専門技術を学んで卒業していくわけですが、そのあと彼らが一番大事にしているのは、「影響力」ではないかと感じています。自身の知識や技術が、自分以外のものにもたらす影響力という意味です。

たとえば、世界中の人が自分の会社の製品を使っていたり、世の中の多くの人が自社の製品を知っていること。つまり自分が手がけた製品や商品が社会にどのような影響を与えているか、自分の技術が世の中に対してどんなインパクトを与えているかに心が動かされるのです。

もちろん、どんなテクダン・テクジョも、入社してすぐに世の中に対してそれらの影響力を及ぼせるとは考えていませんが、その夢を持てる、可能性を感じられるのは、やはり大手企業であると彼らの多くは思っています。

学生の視野はまだまだ未熟で、狭いものです。実際に世の中には、優れた技術やサービス、商品を持ち、社会に多大な影響力を与えている中小企業が多々あります。

ただ、多くのテクダン・テクジョは、そのことに想いを馳せるような思考のキャパをまだ十分に持ち合わせていません。そのため、著名な企業、また世界に知られるグローバル企業などの大手企業こそそうした存在…という思考だけがはたらき、大企業を志望することになるわけです。言ってみれば、大学生という段階での思慮・思考の乏しさが、多くの理系学生を大手企業や有名企業に向かわせることになるわけです。

逆に言うと、自社の技術やサービスがもたらす社会への影響力について、中小企業が上手に学生にアピールすることができれば、テクダン・テクジョの志向性を変えることができます。技術的な優位性や社会での存在意義を前面に押し出すことで、中小企業でもそうした影響力を持てる事実が伝わるのです。

これからの企業社会は「専門性×専門性」との考え方が大事で、伸びていく多くのビジネスは、この掛け算の中で行われています。自社の強みを際立たせ、事業の中に専門的な価値を高めていくことで、企業にとっての新たな可能性が生まれていきます。

既存のソリューションにない、独自の切り口にこだわる優れた中小企業は多くあり、それが武器になれば必ず社会に必要とされます。そして技術力に裏打ちされたオンリーワンの価値があれば、持続的に成長していくことができます。

テクダン・テクジョに、「大企業に入ってしまったらできないことを、われわれと一緒にやろう」

とメッセージを発信し続けてください。そのことが、あなたの会社を次のステージに乗せていく、大きなきっかけになっていくと思います。

☑ テクダン・テクジョは学費の元を取りたい

前章で、理系の学びはお金がかかる…とお話ししました。テクダン・テクジョはふつう、より学費のかかる理系の学部を卒業して社会に出てきた人たちです。それだけに、学費を負担してくれた親に申し訳ない…という気持ちを持っていますし、就職したあと奨学金の返済を続ける人もいます。

ですから、安定的に収入が得られる、将来的な収入の伸びを当然気にするわけです。そうした思考の行き先として、大手企業や有名企業に入りたい…との考えになっていくのです。

中小企業は大手企業に比べて、安定的に給与が上がっていく状況を作りにくい面は確かにあります。ただその中で、入社後に、奨学金の返済額をある程度負担するといったサポートを柔軟に行っている中小企業もあります。

中小企業ならではの臨機応変性を活かした、大手の安定感の向こうを張れるような、独自の工夫はやはり求められます。

イノベーションを実現できそうな人材には、思い切って仕事の裁量を与え、自分の技術で新しい価値を生み出せる環境に置いてやること。そして新たな収益が期待できるテックが生み出せれば、しっかりと報酬で還元するといった仕組みづくりの工夫です。

中小企業ならではの柔軟な思考で、テクダン・テクジョのモチベーションにつながるような報酬体系の構築を目指していくべきだと言えるでしょう。

また、技術者といっても入社1年目からすぐに様々なことができるわけではありません。当然ながら、付加価値の高い人材へと成長していくことが必要であり、それを実現するための人事制度を作ることが大切です。

日本の場合、まだ終身雇用を前提とした人事制度を残す企業が多くあります。20代、30代のうちは給与がそれほど変わらず、40代から50代に至る中でグンと上がっていくような体系です。50代にもなると、社内で果たす技術的な役割は実はそれほど大きくないのですが、給与だけは高い年功序列制度になっているのです。

一方で、特に外資系企業などは、レベルの高い理系人材には、年齢に関係なく1000万円レベルの報酬を普通に払います。テクダン・テクジョたちも、自分が出している価値への対価を払ってくれる会社に魅力を感じるのです。それは、正当な評価を欲しているからであり、それに応えてくれる報酬体系だと理解しているわけです。

ですから、大手のような知名度やブランド力のない中小企業の場合は、テクダン・テクジョに矛盾を感じさせない、正当な能力評価に基づいた適正な報酬体系の確立がいっそう求められます。その意味では昨今、大手企業とは一線を画した、独自性のあるジョブ型の評価・報酬制度に変えていく中小企業が増えています。日本の人事評価制度をより採用の成功や、社員のパフォーマンス向上からくる売上・収益の向上に向ける本質的にあったものに変えていく、意義のあることだと感じているところです。

「中小企業に入っても、僕の技術を活かせない」

中小企業イコール、下請けの会社…などの狭い了見で世の中をとらえている理系学生の中には、「自分の技術や能力はきっと、中小企業では活かせない」といった勝手な思い込みを持つ人がいます。

こうした潜在的な思考は、その人に棲みついた心理的なマイナスイメージであり、それを早く打破してあげられる経営者や人事担当者でありたいと言えます。

たとえば、池井戸潤さんの人気小説『下町ロケット』でも中小企業が技術を軸に、大企業と肩を並べるといった場面がありました。テレビドラマのシーンが印象に残る人も多いかと思いますが、優れたテクダン・テクジョが集まる佃製作所という町工場が舞台です。

佃製作所は、いわゆる下請けの部品メーカーでした。ところがバルブシステムというロケットの基幹部品に独自の技術を組み込んだ特許を持つとともに、たえずオリジナル製品の開発に努めていました。

その結果、日本を代表するような巨大企業と技術力で肩を並べる存在になり、ロケット製造の重要な1工程を完全に任されました。まさに、これがなければロケットが飛ばないという重責のポジションを得たわけです。

同社は同時に、自社の技術を「佃プライド」と分かりやすい表現でアピールし、社員の士気の高揚にも努めていました。佃製作所は単なる下請けメーカーではない、独自の技術を持つ優れたメーカーであることを社員個々が自覚できるよう、理念の浸透を強く図っていったのです。

本来テクダン・テクジョは、会社の規模の大小に関わらず、技術的に優れたものを持っていれば、素直に「すごいな」と評価する価値観を持っています。それを自覚できれば、「中小企業に入っても、僕の技術は活かせない」どころか、「この会社に入って、僕の技術を活かしたい」との希望に満ちたアイデンティティーを確立できるわけです。

そう考えると、逆に大手企業にとっての新たなアイデンティティーとは、いかに優れた技術を持つ中小企業とパートナーを組んでいけるか——ではないかと思います。

たとえば、トヨタやデンソー、部品メーカーなど製造業同士が相互連携していた時代を経て、最近は研究や設計を手掛ける機能を持った会社や組織が開発や製造、メンテナンスの技術を提供し、メーカーの相互連携の中にさらに連携していく社会となりつつあります。

それは今後、ＳＤＧｓに象徴される世界的な社会課題の中で、各々の役割分担が企業に求められ、中小企業の持つ技術力がその一つを担っていくことになると私は思います。そうした新たな社会を支えていくのが、これからのテクダン・テクジョであると期待しています。

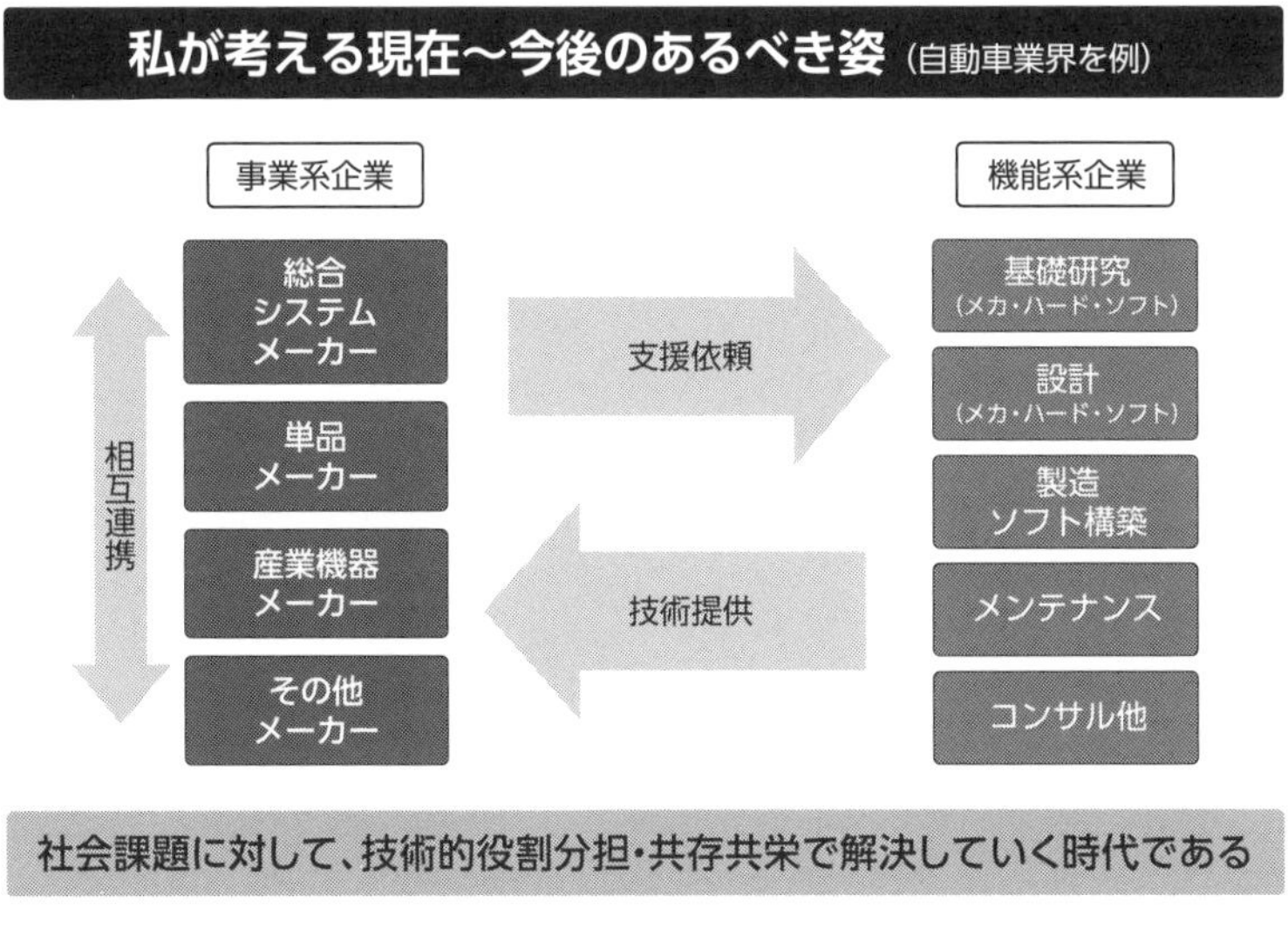

☑ 理系学生の話が通じる会社、通じない会社

皆さんも職場の中で、話が合う人、合わない人ってきっといると思います。波長が合う人と合わない人と言い換えることもできますが、会話や日頃のコミュニケーションの中で、社員同士でそれが合うかどうかは、組織が円滑に動いていく上での重要な要素の一つです。

お互いの話が合うには、ある程度の共感が必要です。「気持ちが分かる」と思うからこそ、同情したり、一緒に怒ったり笑ったりできるわけで、共感するためには、ある程度同じような価値観を持っていることも欠かせないでしょう。

そうしたとき、文系のような抽象的なイメージの世界で生きている人と、論理的な事実を重視する世界で生きてきた理系の人たちでは、おのずから話が合わない面があるのは仕方のないところです。最初から理解して付き合っていれば通じ合えることもあるのですが、おいそれとはいかない面もあります。

たとえば、文系の体育会系の学生は、就活市場でとても人気があります。東京六大学のラグビー部や野球部などは、どの会社からも引く手あまたでしょう。

ところが、アグレッシブで快活な雰囲気を前面に出してくることの多い彼ら体育会系の学生を好む経営者は、ある意味で真逆の物腰や雰囲気である理系学生に接すると、「話が合わない」「波

長が違う」と感じてしまうのです。

「挨拶ができない」「先輩に気を遣えない」と決めつけてしまい、せっかく持っている優れた知識や技術のほうには目を向けません。

もちろん、それはテクダン・テクジョのほうも同じです。「この会社は自分の価値観とは違う」「話が通じない」と感じてさっさと離れていってしまいます。


日本の企業社会には、今も「バランスの良い人材を求める」風潮が厳然として残っています。日本の教育にも問題があるのだと思いますが、もしもあなたが経営者であれば、バランス感覚に優れ、周りに気を遣える凸凹のないスマートな社員のほうが有能だ、と思っておられるのではないでしょうか。

確かにそうした社員は大切ですし、組織を回していく上で必要な人材には違いないでしょう。

ところがテクダン・テクジョの場合、平均点の高いスマートな人材とは真逆であるのが普通です。技術以外のところにはエネルギーを使いたがらない…、隣に座る人にもメールで意思疎通を図るほどコミュニケーション下手……そんな凸凹した人材であることが多くあるわけです。

けれども、それだけでは終わらないのもテクダン・テクジョです。彼らの持つ固有のスキルや能力、技術をしっかりと認めてチャンスを与えれば、驚くような力を発揮していくのが、テクダン・テクジョなのです。昨今にわかにトレンドになりつつある〝ジョブ型雇用〟において最もハマりやすいのがこのテクダン・テクジョなのです。

そんな理系人材の力を認めて信じてあげられる価値観を、ぜひ社内に醸成してください。少しずつでもそれが成されていけば、彼らにとっての「話の通じる会社」に変わり、「ぜひ入りたい会社」へと思いを変えていくことになるのです。

リアルに壮大な夢が持てるのは、実は中小企業

テクダン・テクジョの入りたい企業は？　というテーマでこの章を話してきましたが、これまで述べてきたように、生涯年収という尺度で見たときに、多くの中小企業は大手企業にかなわないのは仕方のないところです。

ただ、学生が就職活動を行う上で、生涯年収まで計算して企業選びをする学生は、実はそれほど多くない印象を私は持っています。

終身雇用の価値観がもはや薄れている現代、ある程度のキャリアを重ねたあとの報酬は、自らのスキルで上方修正してみせる…という気概を持っている学生はひと昔前よりもずっと多くなりました。それは、テクダン・テクジョであっても同じなのです。

たとえば、効率化や最適化という言葉が大好物である彼らは、業務のどこかにムダがないか？

もっと効率良くできないか？　と考えることが大好きです。

そうしたテクダン・テクジョのスキルを活かして仕事の生産性を向上させる仕組み作りを行い、これまで8時間かけていた業務が4時間や3時間でできるようになった企業の例は多々あります。その結果、売上増加とともに、粗利の飛躍的な拡大をもたらしました。

こうした例を見ても、理系人材の採用と定着は、私は「鶏と卵の話」に似ていると思います。イギリスの神学者・トーマス・フラーの言葉に、「今日の卵を得るよりも、明日の鶏を得るほうがよい」という名言があります。今日の卵を得るべく目先の売上ばかりを見るのではなく、この先卵を産み続けてくれる「明日の鶏」＝「理系人材」を獲得することのほうが重要であると、私は思うのです。

つまり、生産性や効率化を創造するのが理系人材です。彼らのスキルを活かし、これまで労働集約型の業務体系であった会社が、新たなテックを創り出すことで、それまでの売り切り型のフロービジネスから、ストック型（サブスクリプション型）のビジネスモデルへ転換できることだってあるのです。ＡＳＰ（アプリケーションサービスプロバイダ）による定額課金型のアプリサービスを導入し、継続的に収益が上がる新たな事業モデルを構築するなど、一歩先を見据えたビジネスの創出が可能になります。

ぜひ皆さんの会社でも、テクダン・テクジョに「当社のビジネスをストック型に変えていけるよう、ぜひキミの技術を活かしてほしい」と目的を明確にして語りかけ、彼らをその気にさせてみてください。

そして中小企業の場合、収益が上がればそのぶん社員に還元する成果報酬型の給与体系への返還を、トップダウンで即座に実現できる柔軟さがあります。

テクダン・テクジョたちにとっても、大手企業に行ってコツコツと時間をかけて給与アップを得ていくよりも、魅力ある中小企業で自ら「成果」を出し、ダイナミックに報酬に跳ね返らせていくほうが夢もあるでしょう。

権限や裁量を与えてもらい、自身の技術を思い切り活かしていける環境があれば、新しいことにトライする意欲は一気に高まるはず。優れたテックビジネスが一つあれば、売上が一気に跳ねて、時価総額はグッと上がります。大手上場企業の生涯年収3億数千万なんて、もはや目ではないかもしれませんよ。

☑ テクダン・テクジョはブラック企業を見抜く

極端な長時間労働や過剰なノルマ、残業代等の賃金不払い、ハラスメント行為が横行するなどコンプライアンス意識が著しく低い企業は「ブラック企業」と呼ばれます。

実はテクダン・テクジョは、目の前の会社がブラック企業であるか否かを見抜く術に、非常に長けています。

感覚やイメージの世界よりも、事実をベースに物事を判断するのが理系の特徴の一つですから、雰囲気に流されずにズバリ本質を見抜いてしまうのです。

たとえば説明会のブースで、先輩社員から「うちの会社、みんな仲いいよ～」と言われても、ピンときません。ブースでの社員たちの様子をよく見ていて、「社員同士があまり交わらずに会話もない」「なんだかよそよそしい態度」など、実に敏感に見ています。

事実を見極めることを常に重視するため、「雰囲気が良くて、コミュケーションが取れている会社」などと抽象的に説明されても、自分の肌でそれが感じられなければ、言葉だけだとすぐに見抜いてしまうのです。

そんな空気感であるのに、ことさら「風通しの良い会社です！」などとアピールしても、まったくの逆効果です。事実を曲げて、自分の会社をよく見せようという不誠実な状況を作ってしまうのは禁物なのです。

また彼らは、ネット検索に長けているのも特徴の一つです。「2ちゃんねる」などのネガティブ情報にも敏感で、見ると不安になってしまい、それを理由に内定を辞退する人もいます。ただ、実際の状況が理解できて腑に落ちれば、周囲のことはそれほど気にしないのがテクダン・テクジョでもあります。

これは実際にあった話で、デンソーテクノを受けて内定を得た優秀な理系学生が、突然内定を辞退してきたため、理由を訊きました。すると「2ちゃんねるで御社にネガティブな情報があって…」と言うのでした。

その情報はいわゆる事実をかなり湾曲されてネガティブに解釈された結果でありますが、背景には様々な理由があり、それを包み隠さず説明すると、「そうなのですか。分かりました」と辞退を撤回してくれました。その人材は、入社後ポテンシャルを発揮して活躍をし続けてくれていますし、結婚もし、活躍×定着という採用の理想を実現してくれています。この時のエピソードがなければ人生も違っていたと思うのです。

やはり、テクダン・テクジョに対しては、事実を過不足なく正直に伝えることがとても重要です。よく見せようとする説明やアプローチは、理系に対しては禁物。どこまでも誠実に学生に向き合う企業でありたいものです。

☑ ユニクロをバカにする人はテクダン・テクジョに嫌われる

突然ですが、あなたはユニクロで買い物をしたことがありますか？

ちなみに、私は大好きです。でも中には、ユニクロの商品をあまり好まない人もいます。実際私の友人の中にもいて、「ユニクロ？　デザインも平凡だし、安っぽい感じがしてあまり買う気にならないね」とはなから否定的です。

でも実は、ユニクロって極めて高機能な優れた商品をたくさん開発していることをご存知の方は多いでしょう。誰でも、どんな服とでも組み合わせて着ることができる服を、高い品質で他社に真似できない低価格で販売する新たな戦略的ポジションを確立したのがユニクロです。

たとえば、大ヒット商品となった「ヒートテック」の開発では、素材メーカーと一体となり、保温性、保湿性、速乾性、抗菌、ドライ、伸縮性、薄さなどの機能性を数年かけて進化させました。まさにユニクロの商品は、優れた技術の粋が集まった結晶であって、それが誰にでも手の届くような価格帯で提供できているすごさがあります。

そうした事実に目を向けず、表面的な印象や見た目のデザインだけで否定するような感性は、決してテクダン・テクジョの理解は得られません。

つまり大事なのは、本質を見抜く力であり、見た目や表面的なものにごまかされてはダメということです。

優れた機能を有する商品を、これだけの低価格で提供できる。その裏には、必死に開発にあたった技術者たちの優れたノウハウがあります。そこに着眼できない人は、テクダン・テクジョの共感を得ることはおそらくできません。

たとえば自動車一つとったとしても、自動車の中には3万点の部品があります。その3万点の部品一つひとつが、技術者一人ひとりのワザの結晶なのです。

そうした事実にしっかりと目を向けて、ともに感動できるような意識を持つ人たちが集まる集団こそが、理系人材から好かれる会社です。本質を見極める確かな目を大事にして、ぜひ「テクダン・テクジョの入りたい会社」を作っていただきたいと思います。

第4章
なぜ彼は大企業を蹴ったのか？

☑ 確かな腹落ち感があれば、大手にだって背を向ける

私はこれまで、1万人以上の理系学生と向き合って就職指導をするとともに、1000社以上の経営者、人事責任者に理系人材採用のためのサポートを行ってきました。

その中で、自らの進路選択で大企業の内定を蹴り、中小企業を選んだ理系学生は数多くいます。確かに、2020年2月からのコロナ禍は学生の就職観に変化をおよぼすことになり、大手志向は2001年卒以降過去最高の55・1%となった現実があります（マイナビ2021年卒大学生就職意識調査より）。

けれども、まだまだ多くのテクダン・テクジョが、中小企業の成長性に自身の未来を重ね、人生の大事なスタートラインに着いているのです。

実際に私が就職指導した某国立大の理系学生は、設備のメンテナンスを請け負う中小企業への入社を決めた理由を、こんなふうに説明してくれました。

「僕は周りの目とかあまり気にならないので、自分が今までやってきたことと、自分がこれからやりたいことを考えたときに、この会社のやっていることが自分に合っていると論理的に分かりました。ですから、思いがぶれることはありませんでした」

理系学生が大手企業にあえて背中を向け、中小企業で自分の力を発揮したいと考える際には、必ず明確な理由があります。事実をベースに論理的な思考を大事にし、雰囲気に流されにくいテクダン・テクジョだけに、自分にとっての腹落ちが実感を伴うものでなければ、実行に移すことはないのです。

その彼は、続けてこんなふうに言いました。

「僕は大きな会社に入って、たとえば構想だけを考えて中身に携わらないような仕事は嫌で、自分も手を動かしながら技術の根幹に触れていくような仕事がしたいんです。自分で何かを究めていけるような仕事がしたいから、会社の規模にはこだわっていませんでした」

自分が実際に、その会社で何ができるのか。そこまで明確にイメージができて、自分のやりたいことが合致して腹落ちすれば、「大手企業を蹴る」理系学生は大勢います。そんなテクダン・テクジョと出会い、獲得していくための中小企業ならではの方法について、この章で紹介していきましょう。

☑ 企業の歯車になるか、エンジンになるか？

就職活動の際、中小企業の担当者から決まり文句のように聞かれるのが、「大企業に入っても歯車になるだけ」というフレーズです。

それは、確かに間違っていません。ただ私が理系人材に伝えるとしたら、歯車などという言葉は使いません。「君は〝部分最適〟が作りたい？　もしくは〝全体最適〟が作りたい？」と問いかけるでしょう。

大きな会社になればなるほど、必然的に組織は拡大し、肥大していきます。技術系の仕事で言えば、大手メーカーは、企画の立案に始まり、設計から試作を経て量産準備を整え、工場でそれを量産し、販売して、そのあとのアフターフォローを含めた一連の工程を担当していきます。

その中で社員各々が担うのは、全工程の中でのほんの一工程に過ぎません。それはいわゆる、企業の「歯車」ととらえることもできますが、逆に言えば部分のスペシャリストになれる要素はあるわけです。

一方、小さなメーカーであれば、設計するエンジニアが当初からのプランニングも担当、試作品を作るとともに、大量生産の体制を整えるために工場のラインの設計まで行うこともあります。一連の工程すべてを自分の責任の中でコントロールしていく、まさに全体最適と言うべき業務です。これは、車にたとえると「エンジン」の役割を果たします。

究極、ターゲットのテクダン・テクジョの志向性によってしまうとは思いますが、自分の影響力を大事にするので、中小企業での現場のように全体最適の考え方で会社のエンジンとなって一連の業務を牽引していきたいという人材は多いのではないかと私は思います。

たとえば大手企業の場合、一つの製品を創り上げるという同じゴールを目指していながら、縦割りの組織風土が起因して設計部と製造部の連携がままならず、各部署それぞれが意地やメンツの中で意見を主張し合うような光景もよく見られます。

そうしたしがらみとは一線を画し、より良いものづくりに向けて邁進できるのが、中小企業の良さです。「キミに任せるぞ」とある程度の裁量を与え、テクダン・テクジョが会社のエンジンとなって、モチベーションたっぷりに仕事ができる環境を用意する。

会社の規模感や知名度ではどうしたって勝てませんから、そうやって仕事の中身を磨いて勝負していくことが、中小企業ならではのアドバンテージと言えるのです。

これを単に、大手の歯車になりたいのか？　との問いかけだけですと、自分の会社を良く言いたいだけなんだと、斜に構えられて魅了づけすることは難しいでしょう。

テクダン・テクジョには、こちらのほうが優れていることを伝えたいのであれば、より論理的に説明しないと腹に落ちません。全体最適と部分最適といったように、考える役割や使命が違うんですよと、上でも下でもない〝違い〟について、論理的に説明することが必要となりますし、それをうまくとらえて自社がアドバンテージに考えてもらえるようにアピールしていく必要があります。

☑ 中小企業は「受け入れてくれてる感」が一番大事

私が採用コンサルタントとして仕事をしてきた中で、理系学生が会社を選ぶ際のポイントには、大きく4つの事柄があると感じてきました。

●理系学生が入社を決める4つのポイント

①自分の考え（会社を選ぶ軸）で決めた意識が持てること
②企業からなぜ選ばれたのかというロジックに腹落ちできること
③入社後の成長や活躍の具体的なイメージを持てること
④内定者や社員に受け入れてもらえる心理的安全性が担保できること

1つめは、就職する企業を「自分の考えで決めた」感覚を持てるかどうかです。「僕は会社を動かすエンジンになりたい、だから御社に決めました」という、自分の軸で決めたという思いがあるかどうかが大切です。

2つめが、逆に「なぜ自分がこの会社に選ばれたのか」の理由が、明確に腹に落ちていることです。つまり経営者や人事担当者から、「なぜ自分がこの会社に必要なのか」の説明をしっかりと受けていることが欠かせないのです。

３つめとして、「自分がこの会社で将来どのような活躍をしていくのか」、その姿が具体的なイメージとして鮮明に描けることが重要です。キャリアビジョンの一例を示すことや、ロールモデルとなる社員と会話できる機会を作ることでもいいでしょう。自分の頑張りがどのようなカタチで結実していくのか。その将来像が具体的にイメージできると、目標が明確になり意欲がかき立てられます。

そして４つめに挙げられるものとして大事なのが、「自分がその会社に受け入れられている安心感」を持てるかどうか、です。

テクダン・テクジョは、情緒的よりも論理的と説明してきただけに、こうしたウェットな部分を重視していると言うと、少し意外に思われるかもしれませんね。

ところが、実は理系学生の多くが、自分が会社や組織にどんなふうに溶け込めそうか…について、企業選びの際にとても気にしているのです。

テクダン・テクジョは、人とのコミュニケーションがそれほど得意ではありません。学生時代から研究に没頭してきた人も多く、あまり人と会話をしない、そもそも人とかかわり合うことが苦手な人が少なくないわけです。コミュニケーションに臆病になっている面があります。

ですから、入社後も安心して仕事ができる環境であることが分かれば、安心感とともに、思考はとても前向きになっていきます。社員全員で「一緒にやろうよ」と言葉をかけると、温かく受け入れられていると感じて、俄然その気になってくるものです。

同じ部署になりそうな先輩からの声がけや、ときには社員みんなで寄せ書きを書いて本人に渡すなど、いろいろな工夫をしながらその企業ならではの良さを演出していくことを考えましょう。そのことが、テクダン・テクジョが入社を決める上での最後の一押しになることは多いのです。

知名度がもたらす大手企業のイメージ優先の安心感に中小企業が対峙するには、リアルな安心を理系学生たちに肌で感じてもらうのが一番です。

不安感を払拭するために、社員みんなで知恵を出し合いながら、就活生のハートをつかまえるコミュニケーションを考えていきましょう。

もちろん、これは最後に背中を押す際のポイントであって、あくまでもここまでの関わりの中で学生自身がロジカルに自分が入る会社はこの会社だと腹に落ちていることが前提ですので、これだけやっても入社にならないケースもあります。最後の背中押しについては、このような安心感を与え、心理的安全性を作ることが理系学生の行動を促進するのです。

☑ 理系人材は一度決めたら文系よりも裏切らない

リクルートキャリアが運営する就職情報サイト「リクナビ」が、学生の同意なしで「内定辞退率」を企業に販売していた問題が起こったのは、まだ記憶に新しいところです。

人生を大きく左右する就活において、第三者に勝手に予測された「内定辞退率」が出回るのは、学生自身にとって不信感が募るのも無理はありません。ただ一方で、内定を出したものの、内定辞退という憂き目に遭って、採用戦略に大きな狂いが生じる企業が少なくないのもまた事実なのです。

採用企業からは、「辞退するのなら早く知りたい」「本当に来てくれる学生に内定を出したい」のが正直なところでしょう。内定者数が入社の数に遠く及ばない現実に、内定を出してもギリギリまで学生の「ホンネ」が見えない、新卒採用の難しさへの悲鳴が聞こえてくるようです。

中小企業にとって、内定辞退をどう避けるか。これは採用戦略を考える上で重要な事柄の一つです。その点、理系学生であるテクダン・テクジョはやり方次第で、内定辞退の確率をグッと下げることができる人材であると言えるのです。

テクダン・テクジョは、感情よりも論理で動きます。一度自分の中で腹落ちした、つまり論理完結したことに対してはなかなかブレないのが彼らなのです。

一方文系学生の場合は（もちろんすべての人がそうではありませんが）、感情面や格好の良さに左右されがちです。中小企業に内定をもらい、「この会社で頑張ります」と力強く宣言したにもかかわらず、他のちょっと見栄えのいい会社から内定が出たら、もとの会社をあっさり裏切ってしまう…ということが比較的あり得るのです。


テクダン・テクジョが、自分の口から「この会社で頑張ります」と力強く宣言したときには、自分の想いの中でのロジックが明確に腹落ちし、自身の技術をこの会社でどう活かし、将来どのようなエンジニアや技術職になっていくのかがしっかりと論理完結しているはずです。

逆に言えば、そうした思考の落とし込みができるように、内定を出す前の段階から内定後のフォローまで経営者や人事担当者が、入社後のビジョンについて十分な説明をしていく必要があります。それが腑に落ちれば、多くの場合でブレないのがテクダン・テクジョの良さなのです。


私がデンソーテクノに在籍した当時は、2000名を超える社員のほとんどが理系の人材でした。今でも、彼らと接する中で得た新鮮な感覚はよく覚えています。

エンジニアの皆さんは、「筋を通す」ことを大事に考え、論理的に正しいかどうかを基準として話をすることが常でした。ある仕事をお願いしたときも、「気持ちとしてはやりたくないけど、ロジックとしてはごもっともだから、やるよ」と言って、決して手を抜くことなく責任を持って仕事を完遂してくれました。

テクダン・テクジョにとって、何かのアクションを起こす際には、自身が納得できるような論理性があるか否かが大事です。

もしも本人が、ロジックの正当さに気づかないようなら、ぜひあなたのほうから理由や根拠を用意してあげてください。それで腹落ちさえすれば、投げかけた期待に、きっと応えてくれるはずです。

☑ 文系はキャバクラに連れてけ、理系はラボに連れてけ

突然ですが、テクダン・テクジョを採用したいと考えていた、ある経営者と内定者の話を紹介しましょう。これは、とあるキャバクラ店での会話です。

キャバ嬢「お仕事、何されているんですか？」

お客「僕、ホストをやっています。」

キャバ嬢「えっ……？」

理系の人材が欲しいと考えていた中小会社の社長が、理系学生の内定者をキャバクラに連れて

行ったら、彼は真顔でこう答えていました。

どう頑張ってもホストには見えないモッサリした彼でしたが、実は「ホストコンピューター」の保守・運用をインターンシップで担当していたのです。ですから彼は、一言もウソをついていません。

その企業の社長は、社会勉強のためにと、彼をキャバクラに連れて行ったのですが、これは失敗でした。その学生は、3ヵ月のインターンシップ終了後、内定を辞退して他社に行ってしまったのです。


社長は自分の価値観の中で考えて、きっと喜んでくれると思って彼をキャバクラに連れて行きました。それまで採用していた文系の新人は、キャバクラに連れて行くと喜び、仕事のモチベーションを上げてくれていたからです。

文系上司にとってはラクなことです。でも、理系男子はそれには当てはまりませんでした。キャバクラの文化は、嫌がるか、あるいは免疫がないので、極度にハマってしまう心配(?)があります。どちらかに極端に偏ることが多いのです。

では、内定を出した理系学生のコミット意識を高めたい場合、どこに連れて行くのがよいのでしょうか?

答えは、キャバクラの代わりに、ラボ（研究室、研究所、設計室、試作現場等）に連れて行くのが正解です。

テクダン・テクジョは、「自分の専門性をより高めたい」意欲があるので、工場や研究所、開発施設など、自分の目で見て、手で触れられる場所がツボにハマるのです。

もちろんまだ理系を採用したことがなく、ラボのようなものがない会社の場合は、具体的にやってもらいたい仕事について会社に呼ぶなり、オンラインで見せるなど、技術的課題に触れてもらい、解決後の社会に対する適用の姿をイメージしてもらい〝ワクワク〟してもらうことが大切です。

本当は大企業で内定をもらっていたけど、「特別な体験をさせてくれた中小企業に就職を決めた」というケースはよくあります。

企業を選ぶ際、入社を決定したポイントの比較データがあります。

全体としての1位は「自分が成長できる環境がある」でした。ところが、理系の場合、「技術力がある」のウェイトが高いのです。これらの項目は、内容もありますが、一番は誰からこれが伝わっているかも見逃すわけにはいきません。文系学生は、雰囲気の合う人材から成長できる環境があるとイメージできると志望度が高まり、理系学生は、もちろん自分と価値観の合う人材からの説明に魅了される部分はあっても、技術力という事実についてフォーカスしています。「文系は人に惚れ、理系は技術に惚れる」というわけです。

新卒人材は何を求めるか？

成長できる環境、人間関係、福利厚生が充実　※理系男子は技術力
→必ずしも大手企業ではない。何をどんな手段で、誰から伝えるかが重要

企業を選ぶときに、あなたが特に注目するポイント

			ベスト3まで選択					最も注目するポイント		
	順位	前月順位	全体	文系男子	理系男子	文系女子	理系女子	順位	全体	前月順位
			2,114	434	577	520	583		2,114	
自分が成長できる環境がある	1	2	37.3%	39.2%	37.3%	35.2%	38.3%	1	16.5%	1
社員の人間関係が良い	2	1	36.0%	33.9%	27.6%	43.5%	39.5%	2	13.7%	2
福利厚生制度が充実している	3	3	33.3%	29.0%	30.5%	37.5%	38.8%	3	9.0%	3
給与や賞与が高い	4	4	27.5%	34.1%	34.0%	18.3%	21.3%	4	6.8%	9
希望する通勤地で働ける	5	5	25.0%	19.4%	18.5%	33.3%	31.0%	5	9.0%	4
企業経営が安定している	6	6	22.3%	23.5%	22.0%	23.1%	18.4%	6	7.2%	7
社会貢献度が高い	7	8	18.2%	18.4%	23.1%	15.2%	15.6%	7	7.3%	6
企業の成長性が見込める	8	9	16.5%	20.7%	17.9%	11.9%	14.4%	8	4.6%	8
経営理念・企業理念に共感できる	9	7	16.4%	17.3%	12.0%	18.7%	17.2%	9	7.0%	5
業界上位である	10	10	10.7%	12.7%	13.3%	8.3%	6.7%	10	3.6%	11
社員が親身に対応してくれる	11	11	9.7%	9.4%	8.6%	11.5%	11.3%	11	2.8%	10
技術力がある	12	12	9.5%	3.0%	26.0%	1.9%	11.3%	12	3.0%	12
仕事を任せてもらえる	13	13	8.0%	10.6%	7.5%	6.9%	5.7%	13	2.0%	13
国際的な仕事ができる	14	15	6.2%	8.5%	4.3%	6.5%	3.4%	14	1.7%	14
平均勤続年数が長い	15	14	5.9%	8.1%	4.9%	5.4%	4.1%	15	1.4%	15
女性が活躍している	16	16	5.2%	0.5%	0.7%	11.5%	10.5%	16	0.7%	18
職種別採用がある	17	19	4.7%	3.5%	6.2%	4.4%	5.1%	17	1.9%	16
社員の話に説得力があった	18	17	4.1%	3.9%	4.2%	4.4%	3.9%	18	1.0%	19
商品企画力がある	19	18	3.5%	4.4%	3.5%	2.5%	3.6%	19	1.1%	17

出典:2019年卒 マイナビ学生就職モニター調査「6月の活動状況」

これまでも書いてきたように、文系人材はコミュニケーション能力を重要視し、それを日ごろから発揮することができます。人間的付き合いを大事にするので、キャバクラで上司と腹を割って話すことにも抵抗がなく、むしろウェルカムである場合が多いです。

一方、理系人材は人間関係よりも、モノや技術に価値を置きがちです。文系の感性からすれば、「えっ、コミュニケーションって一番大事じゃないの？」と疑問に思うかもしれません。しかし、理系の学生は、これまでの理系ライフの中で、自分と同じような人種に囲まれて生活していました。そんな彼らは「ロジカルであること」が共通言語（当たり前）であり、その共通言語がある限り、コミュニケーションに困ることはそれほどなかったのです。

だからこそ、コミュニケーションをそれほど重視することなく、むしろ人よりモノに興味を示す傾向にあるのです。

学生はまだ世の中をよく知らないので、そのような、共通言語が通用する快適な社会（コンフォートゾーン）しか知りません。

だからこそ、「快適さの延長（研究室の延長）がこの企業にはある！」と思ってもらえることが重要です。つまり、ロジカルに話ができて、自分の専門分野の価値を分かってくれて、それを活かし、さらに育ててくれる、環境です。

テクダン・テクジョと信頼関係を築くためには、まず会社側から快適な環境や、インセンティブを与えてあげることです。そうすれば、コミュニケーションもおのずと良くなります。
インターンシップ中などの早いうちに、ラボという「理系のディズニーランド」に連れて行き、ターゲット学生の心を確実に摑みましょう。

☑ テクダン・テクジョは〝予行演習就活〟はしない

就職活動を行っていく際に、模擬面接を積極的に行う学生は少なくありません。初めての面接が本番当日となれば、緊張でうまく話すことができないかも？　という不安があります。だからこそ、本番の前に練習をしておくことで、当日の流れを事前に把握し経験でき、自信を持って本番の面接に臨むことができます。

もちろん、こうした「予行演習」は当たり前のように行っておくべきものであり、理系学生も当然実施しています。

けれども実際の就活の中で、本気でその企業に行くつもりはないけれども、「予行演習のために受けてみる」学生もいます。

中には、「予行演習のつもりで受けに行ったところ、思いのほか良い会社だったので本命になった」という例もありますから、一概に良いとは言えないものの、やはり練習のつもりで受けられた企業の側は、釈然としない気持ちがあるのもまた確かだと思います。

その点、多くのテクダン・テクジョは、〝予行演習就活〟にはそれほど興味を持ちません。就活は常に本気モード。練習のために受ける、なんて発想はあまり持たないのです。

過去、大阪府立大学の大学院生で、首席クラスの優秀な成績の学生がいました。彼はモーターの研究に情熱を燃やし、ＥＶ(電気自動車）やＨＶなどのモーターの開発や設計に携われる会社を志望して意欲的に就活を行っていました。

彼はデンソーテクノの説明会にも来て、選考にも応募。面談時に聞くと「今5社を受けています」との話でした。同社のほかに、トヨタ、デンソー、ホンダ、富士通とそうそうたるラインナップで、私はデンソーテクノはひょっとすると予行演習ではないかと少し疑っていたので、「デンソーテクノへの志望度は他の企業と比較して何点くらい？」と聞いたのです。すると彼は、真顔で言いました。

「僕は、自分が心から入りたいと思ったこの5社しか受験していません。すべての企業が私にとって志望度１００です。デンソーテクノさんでは、必ず電気系の設計の専門として仕事ができるところと、その設計という仕事の面白さ、やりがいが説明会でのワークショップなどで一番ワクワクし、理解できた点が大きく、社員も魅力的な方が多く、受験させていただきました」。そう、きっぱりと口にしたのです。

結局その彼は、5社すべてから内定通知を受けたあと、学校推薦で内定が決まっていたトヨタに入社しましたが、デンソーテクノにも全力でトライしてくれたのです。（原則、学校推薦で内定が決まるとその企業に行くのが通例。仮に推薦先を辞退すると大学と企業との関係にヒビが入るので、ほとんどのケースで推薦先の辞退はあり得ない）

さらに後日談があり、その彼はデンソーテクノの良さを後輩にすすめてくれて、その次の年に、大阪府立大学から理系学生が特に何も実施しなくても説明会に来てくれるようになりました。「自分の行きたい会社しか受験しません」――そう話した彼の真剣な顔に、テクダン・テクジョが持つ、ロジックに裏付けられた心意気の強靭さを垣間見た思いがしたものです。

もちろんすべての学生がこういう状態かというと語弊もありますが、特に優秀なテクダン・テクジョになればなるほどこの傾向は強いです。

そして、そういった優秀なテクダン・テクジョに対して多大な影響力を与えられると、周囲の学生に波及してくれる（口コミを起こしてくれる）側面もあることをお伝えしておきます。

「誰が採用するか？」で入社率が上がる

彼ら理系人材にかぎらず、企業が新卒学生を求めるとき、「採用力」は、「企業ブランド」と「人材戦略」、そして「採用活動」の3つの掛け算で決まります。

われわれレガシードでは、これまで数多くのクライアントの採用活動をサポートしていきましたが、私自身、人材採用に向けた活動は「営業活動に似ている」と感じていました。

営業活動とは言うまでもなく、自社の商品の魅力を広く伝え、それを販売していく活動です。人材採用活動の中で、商品はまさに「会社そのもの」となります。魅力や特徴、独自性を伝え、採用という販売成果につなげる。それが、企業の「採用力」の源泉となるのです。

つまり、商品の魅力付けとは、企業ブランドと人財戦略を掛け合わせたものであり、それをどうやって売るかの営業戦略にあたるものが採用活動ということ。よって、「企業ブランド×人財戦略（人事制度）×採用活動」という掛け算が大事になってくるわけです。


そして、この掛け算を実行していくのが、「採用チーム」となります。採用に関わるメンバーが掛け算の解を高めていくことで、より優れた人材の獲得につながりますから、採用チームのメンバーへの期待はおのずと大きなものとなっていくわけです。

学生が入社を決める理由で最も多いのは、自分がやりたい仕事があるかどうかですが、同様に重視される要素として、「採用スタッフが魅力的かどうか」というものが挙げられます。

つまり、学生たちが就職活動の中でダイレクトに接する企業側の人の印象に、入社への意欲が左右される面が多々あるわけです。それは現場で働く社員であったり、体験談を語ってくれる先輩であることはもちろんですが、やはり最も大きな影響力を持つのは、採用の担当者ということになるでしょう。もちろん、経営者自らがそれになるケースもあれば、現場の社員を担当者にすることもあるでしょう。ここで言う担当者とは、理系学生を採用する責任を担う人材のことを指します。

自分がその会社に入って、これから先どのように働くのか。それをイメージさせてあげられる中心的存在が、採用に携わる担当者なのです。

逆に言うと、どれだけ綿密で周到な採用プロセスを設計したとしても、採用に関わる担当者の魅力がなければ、優れたプランもある意味で台無しになってしまいます。

では、この場合の優れた採用担当者とは、どのような人を言うのか。

大きな要素としては、やはり自社の強みや特性を理解し、どのような人材が必要かを具体的にイメージできる人であり、学生にとっての明確な将来ビジョンを示せる人でしょう。

さらに言えば、理系学生の採用担当者の条件とは、次のことが挙げられると私は思います。

＊自社の技術力や開発力、強みや個性を正しく理解していること
＊理系学生の特性や志向性と適性、実力を正しく理解・評価していること
＊理系人材が重視するキャリアパスを理解し、それが示せる人
＊人事採用担当者として求職者と円滑にコミュニケーションを取れる人

＊自社の人事制度や採用に関する社会のルールを
　正しく理解していること

学生が入社を決める理由は、自身が成長できる環境があるとか、社内の雰囲気がいいとか、条件が良いといった様々な事柄があります。

そうした情報が、誰から理系学生などの就活生に伝わっているかが大事であり、「この人なら本音が話せる」「この人とは話ができる」…と就活生に感じさせる人が採用担当者となって話をすべきでしょう。

テクダン・テクジョのことをしっかりと理解している人が彼らに向きあう——それを、会社側はよく知っておくことが重要と言えるのです。

企業の採用力は何で決まるか？

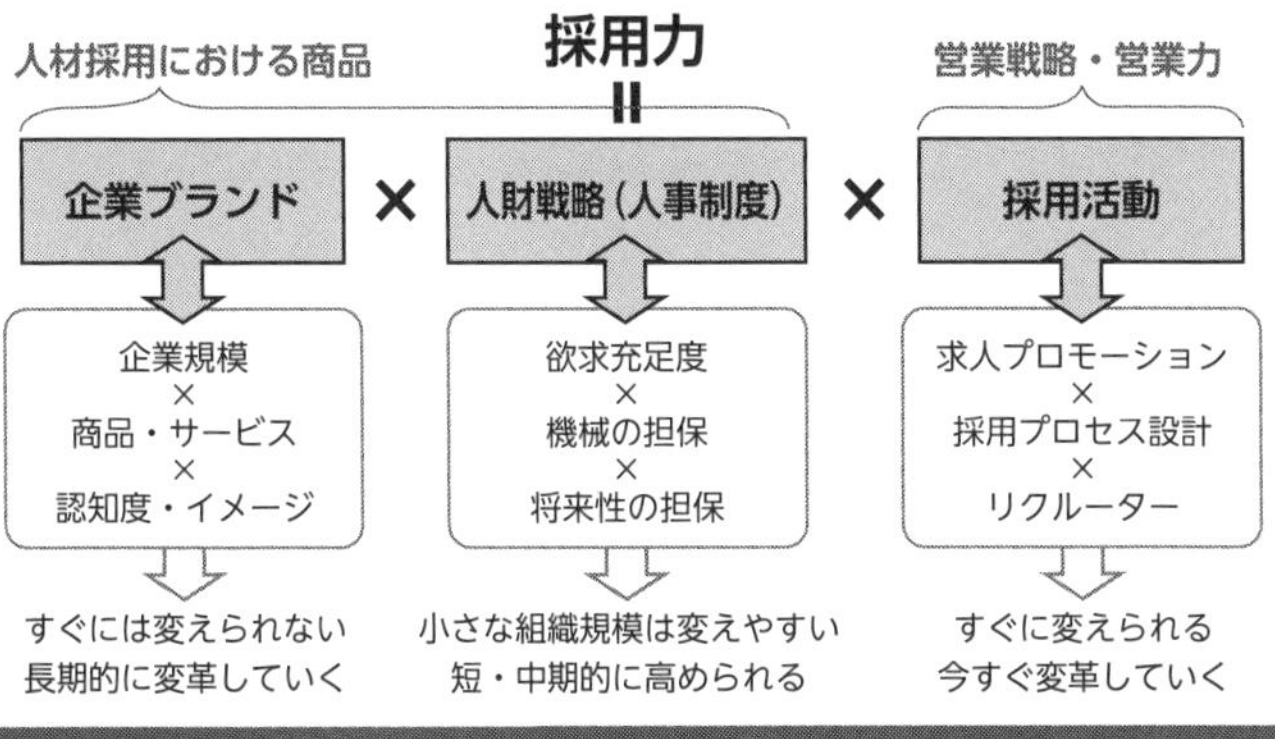

採用活動はすぐに変えられる

☑ テクダン・テクジョは研究室内で就活が終わる

企業が人材採用に臨む際に、「新卒採用にはお金がかかる」…というイメージをお持ちの経営者の方は少なくないかもしれません。

確かに説明会の開催や、インターネットの就活サイトの活用など、一般的に学生1人を採用しようとすると、決して安くない費用がかかります。

ちなみに2019年の新卒採用で各企業が支払った採用コスト総額の平均値は557・9万円（マイナビ調べ）。文系に比べて求人数が10倍や20倍、上位校なら30～40倍とも言われる理系学生であれば、なおさらコストがかかるイメージがあるでしょう。

けれども、そんな心配は杞憂に終わらせることができます。テクダン・テクジョの志向性をきちんと理解し、しかるべき手段でアプローチをしていけば、0円で優れた人材を獲得することだって十分に可能なのです。

第2章で「理系人材はどの池にいるか?」の答えとして、「理系学生は学校の研究室にいる」、と書きました。

前述しましたが、理系の学生は3年の後半くらいから4年生にかけては研究室に配属になり、もっぱら研究室で過ごすようになります。そして、すでにその会社に就職した先輩がふらっとやってくることもあります。

企業からのアプローチを行いたいときには、研究室をうまく利用する手立てを考えることがとても大事です。教授とのコネクションやネットワークがあれば、それを使って研究室に直接アプローチしていけばいいのです。（参考：学校との関係の作り方）

でも、理系学生を採った実績や経験のない企業は、どのように大学の研究室にアプローチしていけばいいのか、突破口がなかなかないかもしれません。いくら研究室に出向きたくても、それまでの実績がないわけですから明確なルートは持っておらず、なかなか前に進められないわけです。

そうした中小企業であっても、決して悲観する必要はありません。実際に私のお客様で、わずか20人の会社にもかかわらず、大学からの推薦応募を取り付けることができたのと工業高等専門学校では3年連続で推薦を取り付けた企業があります。

その会社も従来は、他の会社と同じように、就活ナビの原稿をせっせと書いて出稿して、エントリーを募って母集団を拡大していくスタンダードな方法を選択していました。けれども、たかだか20人規模の中小零細企業です。無数の企業が並ぶ就活サイトの中に埋没してしまい、十分なエントリー数さえ稼げない年が続いていたのです。

ただ、技術力には自信のある会社でしたから、直接学生に会うことさえできれば、入社希望はきっと得られるはず…という自信がありました。そこで、ある方法を開始したのです。

まずは、とにかく実績を出すこと。ターゲット学生が参加するイベントにとにかく出向き、直接PRを実施する傍ら、特に工業高等専門学校（高専）への訪問も随時していきました。同じく高専卒である社長から高専学生の優位性、メリットを先生方へ話し、他の企業との違いについて提案してもらいました。高専は、大学に比べてしっかり勉強している人材が多く、技術的に優れています。

また、担任の先生がしっかり学生を一人ひとり見ているので、先生から学生への影響力も高いのです。

そして、直接の働きかけにより志望度が高まった学生が自身の高専から推薦で受験し、見事内定、入社をし、その後は、「ＯＢ」として、研究室に定期的に訪問してもらうと、継続的な関係を構築できるようになりました。


理系の採用実績がない文系会社は、いきなり研究室に出向くわけにもいかず、ルートがなかなかありません。だからこそ、まずは実績づくりから始める必要があります。

まずは1人、なんとしても理系人材を採用しましょう。それが実現したら、その人のこれまでの研究室や教授を紹介してもらい、緊密な関係を築いていきます。

研究室の先生に印象付けて、「なるほど、御社はこうした仕事をしているんですね」と、何ら

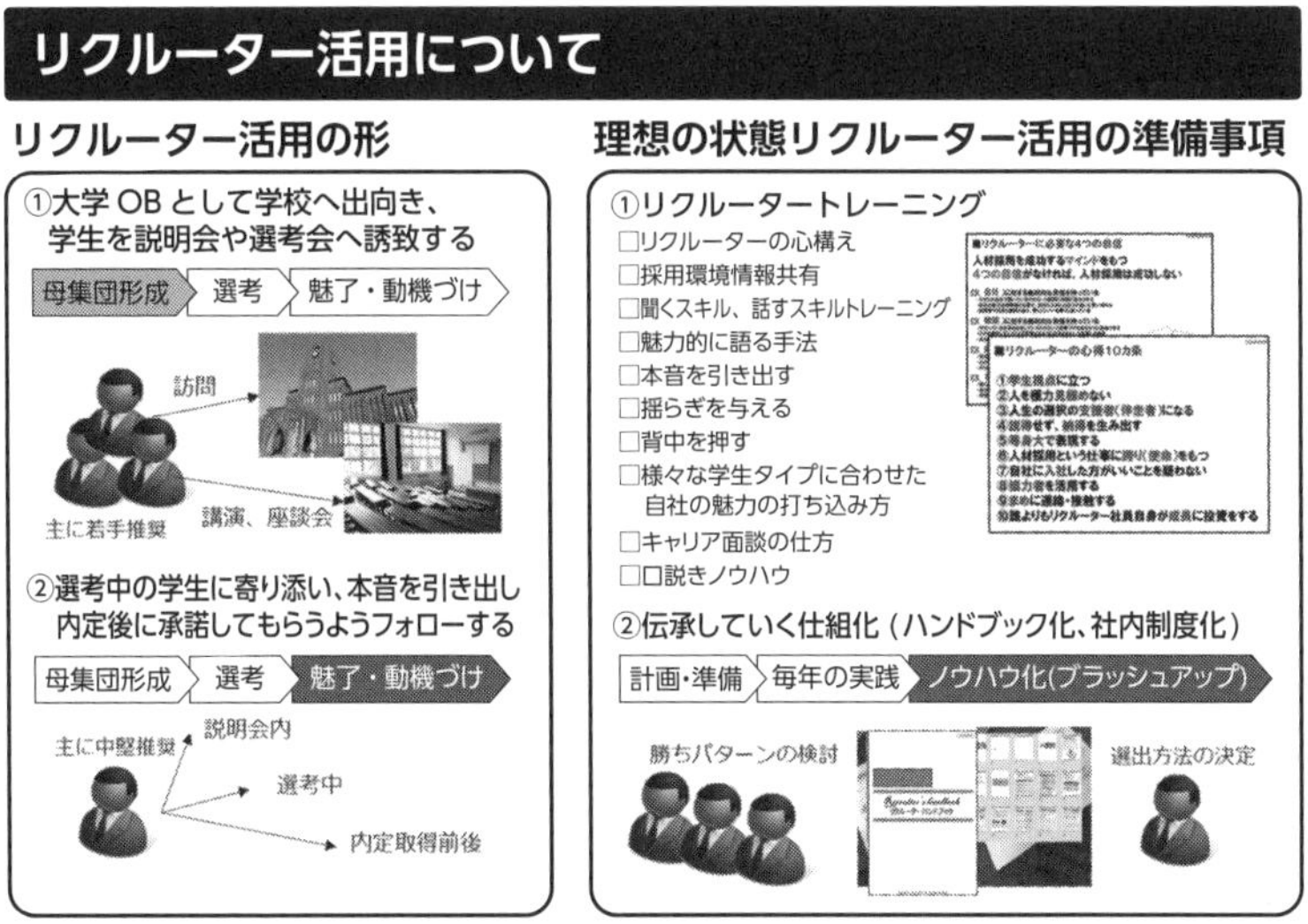
リクルーター活用について
リクルーター活用の形
①大学OBとして学校へ出向き、
学生を説明会や選考会へ誘致する
母集団形成
選考
魅了・動機づけ
訪問
主に若手推奨
講演、座談会
②選考中の学生に寄り添い、本音を引き出し
内定後に承諾してもらうようフォローする
母集団形成
選考
魅了・動機づけ
主に中堅推奨
説明会内
選考中
内定取得前後
理想の状態リクルーター活用の準備事項
①リクルータートレーニング
□リクルーターの心構え
□採用環境情報共有
□聞くスキル、話すスキルトレーニング
□魅力的に語る手法
□本音を引き出す
□揺らぎを与える
□背中を押す
□様々な学生タイプに合わせた
自社の魅力の打ち込み方
□キャリア面談の仕方
□口説きノウハウ
人材採用を成功するマインドをもつ
■リクルーターの心得10カ条
①学生視点に立つ
②人を権力見極めない
③人生の選択の支援者（伴走者）になる
④説得せず、納得を生み出す
⑤等身大で表現する
⑥人材採用という仕事に誇り（使命）をもつ
⑦自社に入社した方がいいことを疑わない
⑧協力者を活用する
⑨まめに連絡・接触する
⑩誰よりもリクルーター社員自身が成長に投資をする
②伝承していく仕組化（ハンドブック化、社内制度化）
計画・準備
毎年の実践
ノウハウ化（ブラッシュアップ）
勝ちパターンの検討
選出方法の決定

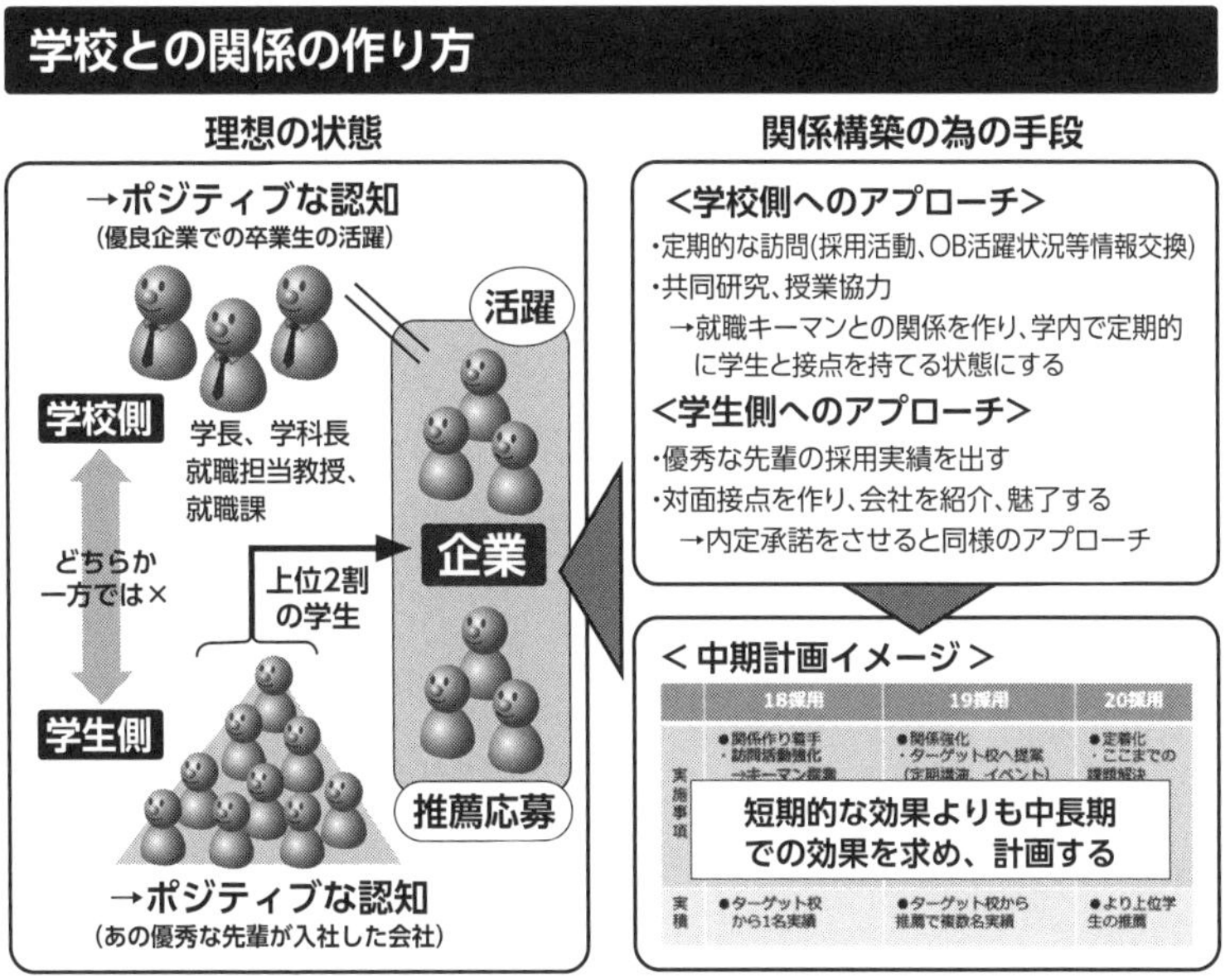
学校との関係の作り方
理想の状態
→ポジティブな認知
（優良企業での卒業生の活躍）
活躍
学校側
学長、学科長
就職担当教授、
就職課
どちらか
一方では×
上位2割
の学生
企業
学生側
推薦応募
→ポジティブな認知
（あの優秀な先輩が入社した会社）
関係構築の為の手段
<学校側へのアプローチ>
・定期的な訪問（採用活動、OB活躍状況等情報交換）
・共同研究、授業協力
→就職キーマンとの関係を作り、学内で定期的
に学生と接点を持てる状態にする
<学生側へのアプローチ>
・優秀な先輩の採用実績を出す
・対面接点を作り、会社を紹介、魅了する
→内定承諾をさせると同様のアプローチ
< 中期計画イメージ >
18採用
19採用
20採用
実施事項
●関係作り着手
・訪問活動強化
●関係強化
・ターゲット校へ提案
●定着化
・ここまでの
課題解決
短期的な効果よりも中長期
での効果を求め、計画する
実績
●ターゲット校
から1名実績
●ターゲット校から
推薦で複数名実績
●より上位学
生の推薦

かの印象を得てもらえるとしめたもの。そして、内定を出した人材から後輩を紹介してもらい、「来年は今回の学生に意欲も能力も劣らない、○○君という子がいるので、ぜひ先生またよろしくお願いします」と言っておけばよいでしょう。

それを突破口に、教授や先生、先輩たちとの関係性が継続できるようになれば、そうしたコネクションを上手に使いながら、研究室に属する理系学生たちとしっかり関係性を築いていきます。研究室を取り巻く教授や先輩たちとのコミュニケーションを重視し、効果的な採用術をぜひ確立してほしいと思います。

☑ 条件面で戦うな！　仕事軸や社風軸で戦え！

企業が採用活動を行う一方で、当然学生側にも、自分が行きたい会社を選ぶ上での基準があります。その基準は当然、個々の志向や考え方によって異なり、学生自身の「会社選びの軸」とも表現されます。

とくにテクダン・テクジョは、自分ならではの「ロジック（軸）」をとても大事にします。自分がやりたいことやワクワクすることなど、譲れない条件を自分の軸として明快に言葉にできるのも、彼らの強みなのです。

逆に企業としては、彼ら自身の「会社選びの軸」を聞くことで、「自社と価値観や考え方がマッチするか」「働く上でのモチベーションは何なのか」を知ろうとしています。

そして、働く環境を用意する企業側にも、学生たちにアプローチする際の「軸」が必要であると言えます。

テクダン・テクジョにモチベーション高く働いてもらいたいとするなら、どこに差別化要素を作るのが得策なのか。報酬なのか、就業条件なのか、評価や処遇、または教育の充実でしょうか。就活に臨むテクダン・テクジョにアピールできる、あなたの会社ならではの魅力付け＝軸の明確化が不可欠なのです。

ただし、報酬などの「条件」で作った土俵に自ら上がってしまうと、大企業を相手に、きっと毎日が黒星続きです。中小企業が戦うべき土俵は、そのような条件面でなく、「仕事のやりがい」や「社風などの働きやすさ」といった仕事軸や社風軸であるべきなのです。

やりがいのある仕事が何かは、人にとってそれぞれ違うもの。目指すべき仕事に就いた成功者の人たちでさえ、入社したての最初は「給料は安いし、残業は少なくないし、時間に追われる仕事の毎日だった」と言います。けれども、「でも、自分が好きな仕事だから頑張って働けた」とも付け加えるのです。

その人ならではのやりがいを感じて働いていけるなら、条件だけそろった会社での毎日よりも、はるかに仕事をしていく意味があります。仕事軸や社風軸を重視する中で、社員一人ひとりに自社しかない〝はたらきがい〟に気づき、見出してもらうことが、中小企業が戦うべき「土俵」と言えるのです。

会社選びの際にも、理系の彼らは「自分の興味のある仕事や役割が担えるかどうか」というやりがいを第一に考えます。「自分の技術が社会や世の中を変えることにつながる」――それが実現できることが腹に落ちれば、テクダン・テクジョのモチベーションは一気に上がるわけです。

ここで重要なのは、彼らの軸が、企業の成長フェーズや事業のベクトルに、き

会社を選ぶポイント（選社軸）

	会社を選ぶポイント事例	因子例
基盤軸	安心(安定)して働きたい	経営基盤、将来性、業績
	理念(想い、考え方)に共感したい	経営理念、ビジョン
事業軸	事業(製品、サービス)に意義(使命感、影響力、誇りを感じたい	事業内容、サービス 将来性、社会貢献度
仕事軸	仕事(企画提案、仕様作成、設計～試作、実行(図面作成・コー ディング・施工など)、評価・実験、メンテナンスなど)にやりがいを感じたい 興味関心のある専門性(言語、分野など)を身に付け、伸ばしたい	仕事内容、専門性 成長性、権限・裁量の度合い 社会への適用度への実感
社風軸	自分に合う社風で働きたい	自由(風通しの良さ)⇔規律を重んじる チャレンジさせる⇔ステップを踏ませる 細かく指導してもらえる⇒放任主義 情緒的合論理的
人軸	魅力的な社員と一緒に働きたい	社員が魅力的(若手、中堅、幹部) 自分と価値観(経歴、境遇など)が似ている
条件軸	仕事がしやすい職場で働きたい	勤務地、開発環境、オフィス、研修制度
	お金をたくさんもらいたい	給与、納得できる評価制度
採用軸	休みをたくさんもらいたい	就業実態、休日、福利厚生
	採用ポリシー・活動に共感（ワクワク）したい	採用施策、インターンシップ内容など

ちんとマッチしているかどうかです。

「今のうちのこういう仕事を、今後は●●に変えて、新たなビジネスとして確立したいのですが、これはあなたの技術があれば必ず実現できると思いますし、世の中に新たなサービスを提供することにもつながると思います。なぜなら～。」――。こんな言葉を理系の彼らにかけてあげられるなら、本人も会社もＷＩＮＷＩＮの幸せな関係が築けるでしょう。

「あなたが学んできた知識と技術を活かす術が、当社にはあります」と明確に示してあげることが重要ですし、学生が行ってきた研究の価値をしっかりと認めてあげた上で話をしていくことが、実はとても大事と言えるのです。

大名的エンジニアと剣豪的エンジニアの違い

終身雇用が当たり前だったひと昔前を過ぎ、今や大手企業でも、売上不振やコンプライアンス違反、また今回のコロナ禍などの外的変化に見舞われて業績が低迷する時代です。

もはや大企業＝安定という時代は終わり、条件ではなく、仕事軸つまり骨太な「自分の軸」をしっかりと据えることで、〝真〟の安定を手にしていくことが大事と言えます。

「自分の軸」を考える前提として、技術系企業およびエンジニアの仕事や役割の種類、定義について一つの例を出してみましょう。

理系の代表的な職種であるエンジニアは、所属する会社のくくりでいうと、2つに分かれます。

1つはゼネラリストであり、大手電力会社やゼネコン、総合メーカーなどがそれに当たります。もう1つは当社のようなスペシャリスト企業であり、サブコン、専門メーカーやメンテナンス系企業が当てはまります。

ゼネラリスト系の会社で働くエンジニアは戦国時代で言えば、「大名的エンジニア」です。大名で有名な人と言えば、織田信長、豊臣秀吉、徳川家康……その他大勢います。こういう人たちは、技術の幅が要求され、多くの企業や組織を動かしていく調整力が問われます。

一方で、スペシャリスト系の会社で働くエンジニアは、戦国時代で言えば「剣豪的エンジニア」です。剣豪で有名な人と言えば？　…宮本武蔵や佐々木小次郎、柳生十兵衛など、いずれも剣の達人であり、自らの技術の深さや専門性そのもので勝負する人たちです。

実は現在の技術の世界も、戦国時代と同じと言えます。たとえば、織田信長や豊臣秀吉は、自分一人の力で戦に勝ち、天下が取れたでしょうか。違いますね、必ず大名の周りに剣や知恵に長けた人材たちがいたはずです。

剣豪だけでも戦に勝てませんし、大名だけでも勝てません。こうした各々の役割分担の中で、社会は成り立っているわけです。

とても大事なことですが、真の安定や安定が得られるのは、何も知名度のある大きな会社だけではないということです。

会社が大きくなればなるほど、個人の役割や権限は狭まっていきます。10年たっても、仕事の全体像が見えず、特定のプロセスをこなしているだけのエンジニアもいます。

本当の意味の安定・安心とは、世の中から必要とされ続ける専門性を持ち、磨くことだと私は思います。

剣豪型のエンジニアとして、自分が極めた技を必要とされ続ける人生を送ることができれば、きっと心は安定するはず。つまりそこには、会社の大小はもはや関係がないのです。

裏返せば、そうしたモチベーションにつ

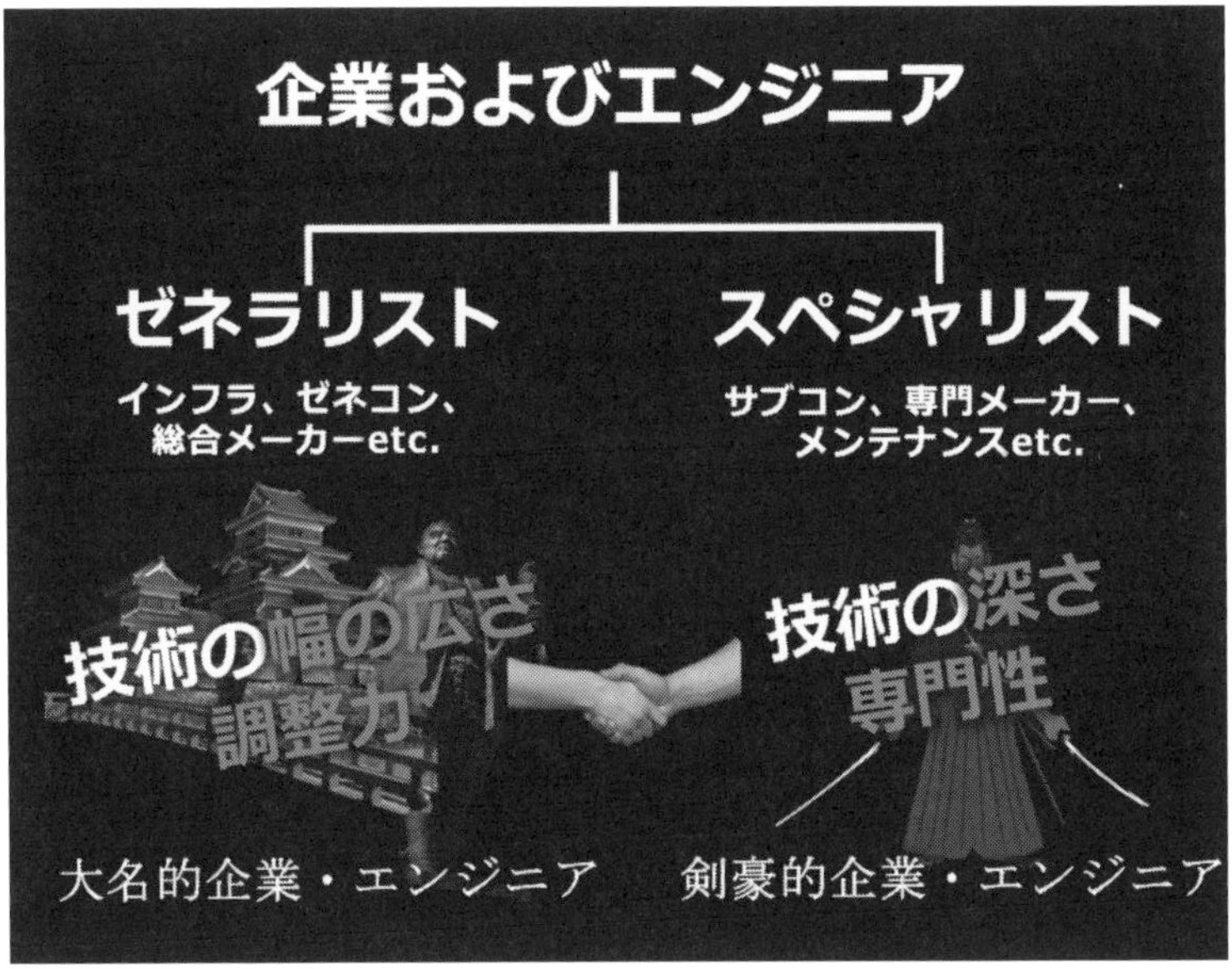

ながる「自分軸」を、未来を見据えるテクダン・テクジョたちに、ぜひ授けてあげてほしい。それが、必ずやあなたの会社を変えていく、新たな力となるからです。

私は、人材採用コンサルタントしてキャリアを重ねてきた経験に基づいて、「採用活動を成功させるための10＋1の意識」という信条を策定し、クライアント企業に案内しています。

これを胸に採用活動に臨むことができれば、きっとテクダン・テクジョたちの入社意欲の向上へとつながると、私は思います。

〈採用活動を成功させるための10＋1の意識〉

■相手を知る意識　～現地現物現認～

①学生視点に立ち、彼らを意識すること

②現場社員へのリスペクトや彼らを理解する意識を持つこと

③技術者にとっての真のやりがい・安定とは何かを意識し、自分なりの腹に落ちる解を持っておくこと

■人事の基本意識　～人事の専門性～

④人事や人材育成の基本を意識すること

⑤人材採用という仕事に誇りをもつこと
⑥社風改善には、採用から変えるという手法もあることを意識すること
⑦仕事はチームプレイととらえ、一人で抱えないという意識とアンテナを持つこと

■人事からの会社変革意識　～戦略人事～

⑧外的環境や、他者に指を差すのではなく、自分や自分たちに指を差し、枠内ではなく、枠外思考を持つこと
⑨会社（理念、事業、仕事、社風など）に対する自信を持つために、事実を肯定的に解釈しつつ、成長した未来の姿を信じてコミットする覚悟を持つこと
⑩持続的な企業成長といった中長期視点を持つこと

■そもそもの大前提

⑪自分自身が毎日をイキイキ・キラキラと働くこと

第５章

テクダン・テクジョは「納得」させないと浮気する

☑ テクダン・テクジョの募集から入社まで

「えっと…。就活の解禁日って、結局いつになったんだっけ?」企業の人事担当者からこんなつぶやきが聞かれるほど、近年の大学生の就活ルールは変遷を重ねてきました。

就活解禁日の変更をはじめとした度重なるルール変更の影響で、記憶が混乱しがちな採用担当者の方も少なくないかもしれません。

経団連の倫理憲章の策定を受け、まず現在の結論として、新卒採用の解禁日については2022年卒までは現行の就活ルールが引き継がれるとされています。具体的には下記の流れです。

・広報解禁日：3月
・選考解禁日：6月
・内定解禁日：10月

2022年卒以降については、政府主導で新たな就活ルールを策定するということですが、今のところ具体的な内容は発表されていません。

現状でこうした時系列にはなっているものの、現実的には、就活はほぼ「自由化」という流れになっていると言って差し支えないでしょう。

たとえば外資系企業は基本的に、経団連の意向などの枠組みに左右されません。3月の広報解禁時には、「すでに外資系企業から複数の内定をもらっている」という学生も少なくないのです。ぼやぼやしているうちに、有能なテクダン・テクジョはあっという間に就活市場からいなくなってしまう…なんてことは、容易に考えられるわけです。

こうした現状に対して、ただ指をくわえて見ているわけにはいきません。先手を打って、大学3年の夏休みや秋口に、インターンシップという形で学生に業務を経験してもらい、事実上の募集活動としていく中小企業が増えています。

その流れは今後さらに加速し、大学1年や2年生の段階から早めにインターンシップに参加してもらえるよう、間口を広げていくことになるのは間違いないでしょう。

こうした変化は、学生にとって歓迎すべきことであると私は思います。インターンシップをはじめ、体感ワークショップやグループワークなどを積極的に実施し、入社後に実際に担ってもらう業務の中身を体感できる機会を提供するのは理にかなっていると考えるからです。

テクダン・テクジョにとって、自分のやりたいことと入社後の仕事が合致しているかを知るのは大事なことです。インターンシップは、そのための格好の場となるわけです。

☑「入社希望！」と言わせるインターンシップとは

現在の理系学生は、企業のインターンシップへの参加率が78・7％というデータがあります。一人当たり4社に参加するなど、非常に積極的。最終的にインターンから入社する学生が37・3％も存在するなど、会社選びの有力な判断材料として活用している姿がうかがえます。

こうした統計を見ても、学生をインターンシップに誘導して自社の魅力や強みを感じてもらうことは、中小企業にとっての有効なアピール手段の一つになり得ます。

仕事のワクワク感や楽しさを肌で感じてもらおうと思ったら、インターンシップに参加してもらうのが一番。テクダン・テクジョたちを確実に入社へとつなげるには、まさにインターン企画の魅力がカギを握っているのです。

その中で、「理系人材を採りたい」と考える文系の会社が、彼らにインターンシップに来てもらうにはどうすれば良いのでしょうか。

そもそも、文系の会社が理系人材にインターンシップに来てもらうのは、けっこうハードルの高いものです。文系的な業務の中身が、理系の彼らにはなかなかピンと来ないからです。

様々な企画や工夫も大切ではありますが、何よりもまず、「文系企業の当社が、なぜ理系のキミに来てほしいのか」という想いをストレートに伝えることがとても重要です。

「従来の事業に理系のノウハウや技術を入れて、DX化や新規ビジネスの開発を進めていきたいと考えている。まずは当社で2週間、インターンシップの中で実際の業務を見てもらい、改善できる点や導入すべきシステムを、キミならではの感性で立案してみてほしい」と、一点の曇りもないメッセージを投げかけるのです。

テクダン・テクジョは、自分の知識や技術が企業や社会にどう影響を与えることができるのかを常に知りたがっています。インターンシップに来てくれる学生はきっといるでしょうし、そのとき「文系企業だから…」といって躊躇する気持ちはほとんどなくなるものです。

もう一つの大事なポイントが、会社の中での「実際の業務に準じた仕事」を、インターンシップの中で彼らに体感してもらうことです。

理系は応募者数も少なく、インターン期から活動するため、優秀なターゲットを採用するために早期からの活動は必須です

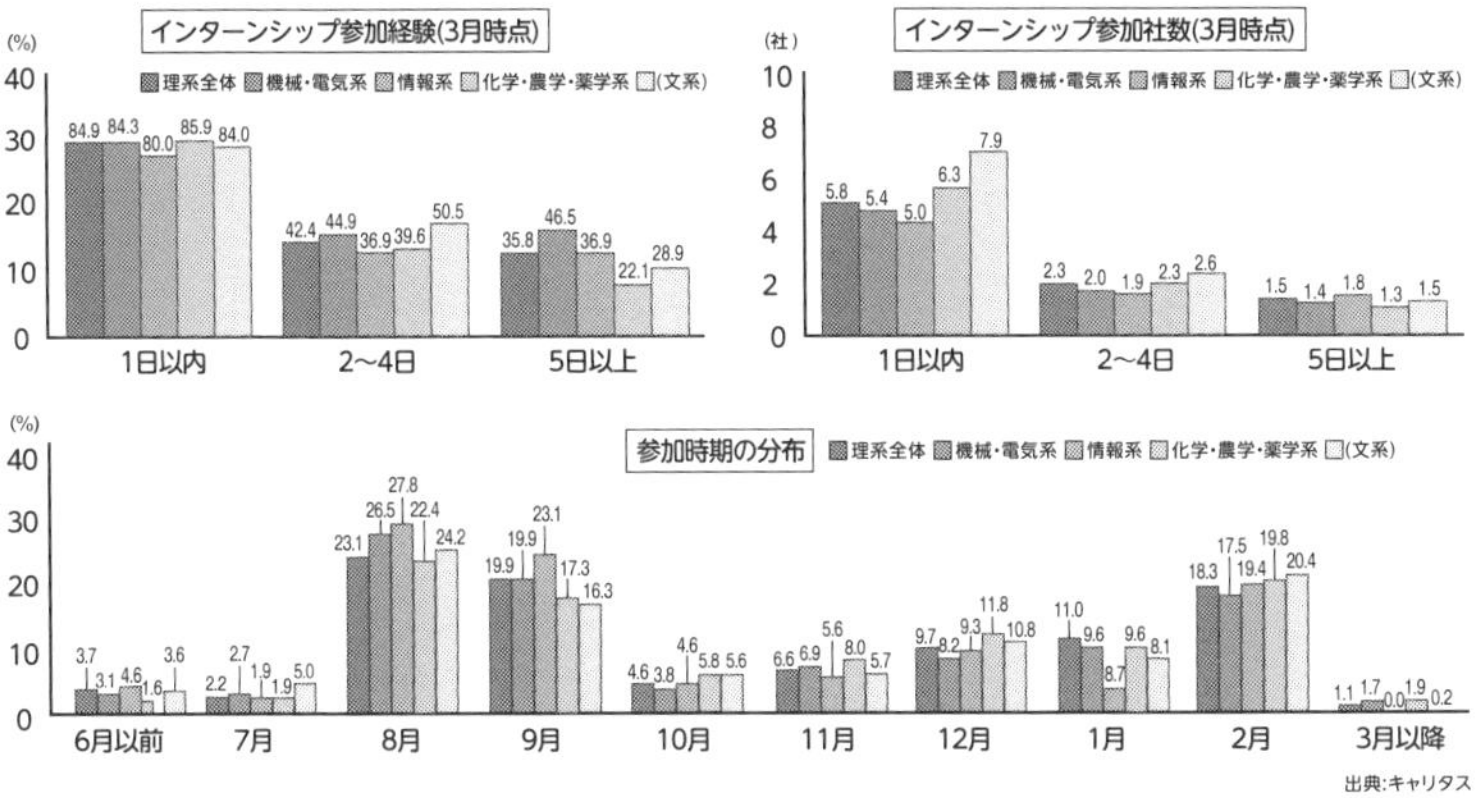

出典:キャリタス

文系学生のインターンシップでよく見られるのが、グループワークと言っても、何かの課題を出して、検討と発表を行って終わり…というもの。理系学生の場合、それではまったく心に残りませんし、興味もゼロです。

大切なのは、検討して発表したあと、実際に作り込み、実際にそれを自分の手で動かしてみる、ということです。

理系人材に対して想定している仕事の中身に限りなく近いものを用意し、たとえば実際の製作物のミニチュア版などを作ってもらって醍醐味を感じてもらう。そうすると、自分が入社した後に何をやるのか、どんな仕事をしていくのかが明確になります。

リアルなインターンシップを経験することで、理系学生の間で「この会社、けっこう面白いことやらせてくれるので、行ったほうがいいぞ」という口コ

学生がインターンシップを決める基準

200 名以上の優秀な学生から聞いた声

	【参加してよかったインターン】	【帰りたくなったインターン】
第 1 位	仕事体験(実際の仕事を体験できた/やりがいや意義を知れた/体感型)	説明(説明が長い/話がつまらない / 配布資料やHPの情報と同じ話)
第 2 位	フィードバック(自分の良い点や 改善点を知れた/レポートが もらえた)	コンテンツ(ワークの内容)が事業と関係ない
第 3 位	雰囲気(社員がイキイキしている/ 社員と話ができた/考え方に 共感した)	雰囲気(歓迎されている感じがしない/緩 い雰囲気/担当者が作業で仕事している)

ミが広まります。自分の好奇心を刺激されると、テクダン・テクジョは仲間とそれを共有したくなるのです。

会社の強みを彼らの頭にインプットしながら、自身の手を動かす中で課題にトライしてもらう。そして「成果を1週間後や2週間後に見せてほしい」とリクエストします。

つまり、学生に挑戦意欲や成長実感を与えられる企画かどうかが重要なポイントであり、それを課されたテクダン・テクジョのモチベーションは一気に高まっていきます。

◎理系が行きたくなるインターン・説明会～理系学生を魅了するポイント

1. 知的好奇心をくすぐるもの
2. 論理的に考えさせるもの
3. 実践的なもの
4. 自分の専門を試せるもの
5. アウトプットさせるもの

1DAY型インターンシップタイムテーブル例

	時間(分)	コンテンツ	実施内容
①	3	オープニングムービー	御社のイメージムービーの上映
②	10	アイスブレイク	本日の主旨説明・各グループごと自己紹介ワーク
③	10	トップライブ	社長から会社・事業・ビジョン・期待をプレゼン
④	15	会社紹介	人事による会社・事業の紹介
⑤	70	ストーリーワーク（仕事体感ワーク）	入社後のストーリーを疑似体験しながら、チームでワークを行い課題に取り組む
⑥	5	休憩	
⑦	50	座談会（工場見学）	社員がチームに入り学生からの質問に答えたり、仕事観等を伝える
⑧	5	選考フロー紹介	選考フローを紹介するムービーの上映
⑨	10	アンケート記入	今日の所感の記入
合計	180	※終了後	アンケート・社員の所感をもとに今後追うべき学生を決める

オンラインによるエンジニア体感ワークショップ事例

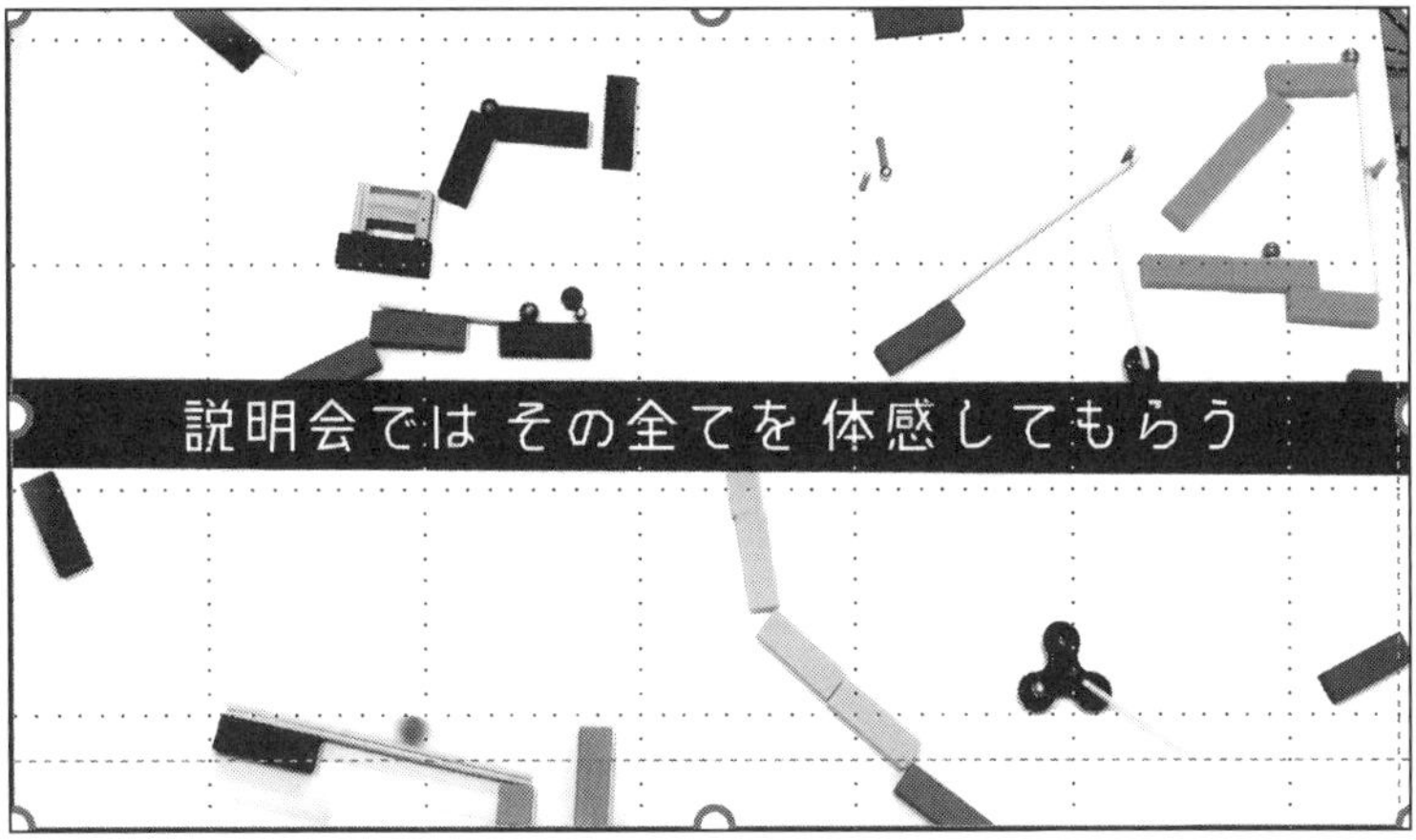

↓Algodoo（シミュレーションツール）を活用し、オンライン上で学生同士で進められるよう改良バージョン

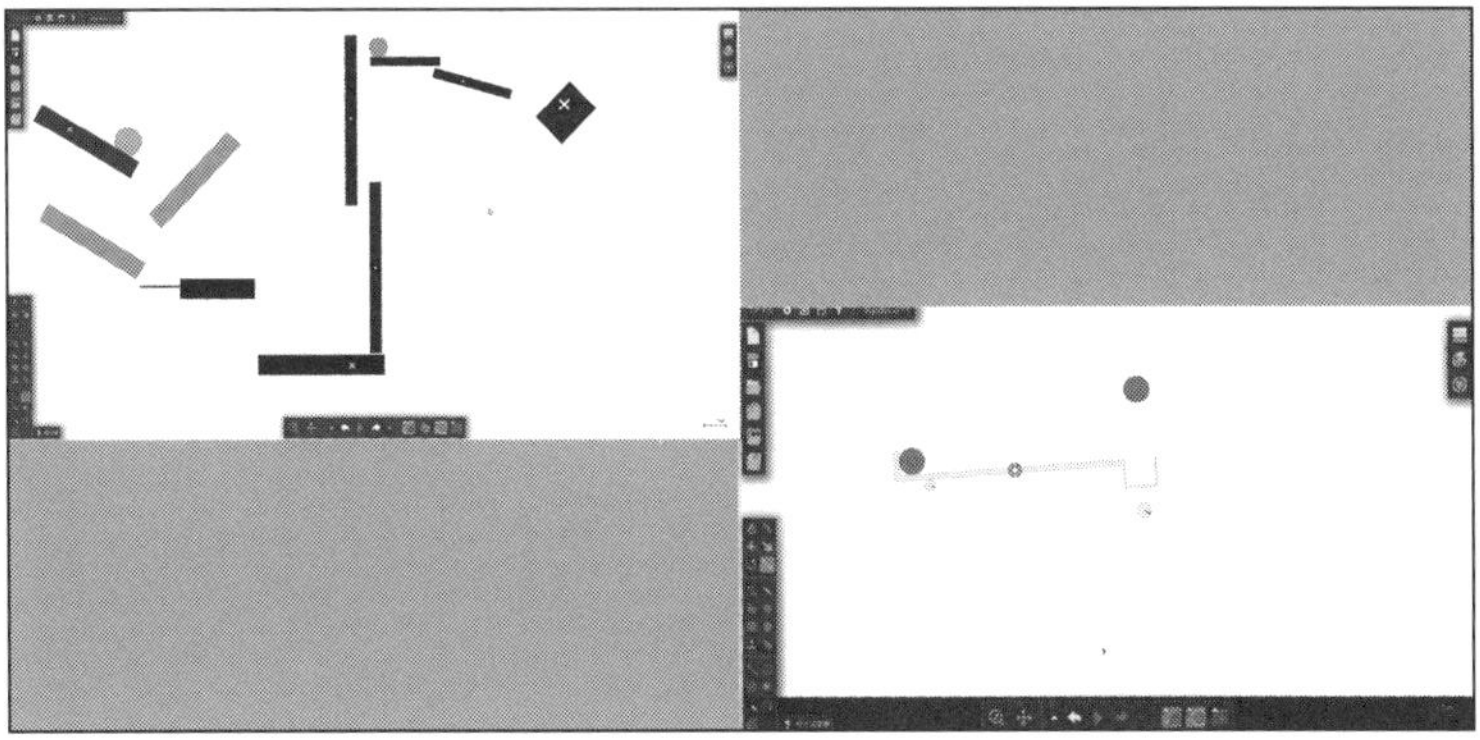

☑「夢中になった経験ない？」という問いかけの魔法

インターンシップでは、学生を受け身にしない工夫も大切です。この会社で「自分軸」をつくることの面白さに気づいてもらうことがインターンシップの目的の一つですから、彼らにずっと問いかけを続けていきます。

たとえば、「大きな会社に入って大きなプロジェクトの一部を担当するのか、うちのような会社でエンジンとなって、ビジネスを生み出していきたいのか」など、対立軸を明確にしながら問いかけていくのです。

これまでしっかり勉強してきた人であればあるほど、「仕事をするなら自分の思うようにやりたい」「人に任せずに自分でやりたい」「仕事の権限や裁量が欲しい」――「そうすれば、ワクワク感いっぱいに仕事ができる」という想いがあるものです。

その意味でも私がよく使うのが、「夢中になった経験ない？」という問いかけです。

理系学生というのは子どものとき、モノを作る際に時間を忘れて夢中になり過ぎて、お母さんや先生に怒られた経験がほぼ間違いなくあるものです。自由な発想でのモノづくりに没頭したり、難しい課題に直面して試行錯誤し、解決のために時間を忘れるほどに夢中になった…という体験があるのです。

「うちに来たら、毎日がそんな連続だよ」と難しい実践課題に取り組んでもらい、没頭しながらやり遂げる。そんなワクワクを体感する瞬間をインターンシップで提供してあげると、テクダン・テクジョの左脳回路がフル回転していきます。

実際に、ワークショップの最中に「今から10分休憩ね」と言っても、手を休めずに休憩時間も課題製作に取り組み続ける学生が数多くいて、何度も驚かされました。それが、テクダン・テクジョの持つパワーなのです。

彼らのモノづくりの原体験をくすぐるような、インターンシップや説明会の機会をぜひ提供してあげてほしいと思います。

☑「無関心」から始まる行動変容段階モデル

インターンシップや説明会でのワークショップでは、参加してくれた理系学生と同じプロセスをたどった先輩社員から、自身のリアルな経験談を話してもらい、共感値を高めることも方法の一つです。

実際に、大手の歯車になることを選ばず、エンジンになるべく当社を選んだという先輩社員を呼んできて、実際のエピソードを語らせるのです。

「僕も入社のときに大きな会社を選ぶべきかどうか悩んだけど、この会社に来て正解だった」

というリアルな話を聞くことは、事実に基づいたロジカルな話を重視するテクダン・テクジョにとって、とても意味のあることなのです。

そして当社は、5年先、10年先にこんなふうに成長していく——という未来像を語り、社内で増えていくタスクやポジションについて、具体的に見せていくインターンシップにすることです。話を聞くことで、多くのテクダン・テクジョの「自分軸」は、より太く固いものになっていくと思います。

先輩から直接聞く話は、どちらかというと人とのコミュニケーションが苦手なテクダン・テクジョにとって、「自分も受け入れてもらえそう」という安心感を伴うものにもなり得ます。最初はあまり関心を持てなかった文系の中小企業であっても、次第に自身のキャリアイメージが明確になり、腹落ち感がどんどん高まっていくのです。

アメリカのローランド・ホールが提唱した、「消費行動」の原則としてよく知られるものに、AIDMA（アイドマ）の法則があります。Attention（注意）→Interest（関心）→Desire（欲求）→Memory（記憶）→Action（行動）の頭文字を取ったもので、消費者の心理的プロセス・モデルを示したものです。

この行動変容の原則は中小企業の採用活動にも当てはまり、最初は「無関心」から始まった学生の行動が、企業側の効果的なアプローチによって、実際の「行動」へとつながっていくことが

人が決断し、行動するまでの流れ（基本の気）

【アイドマ、アイサス】

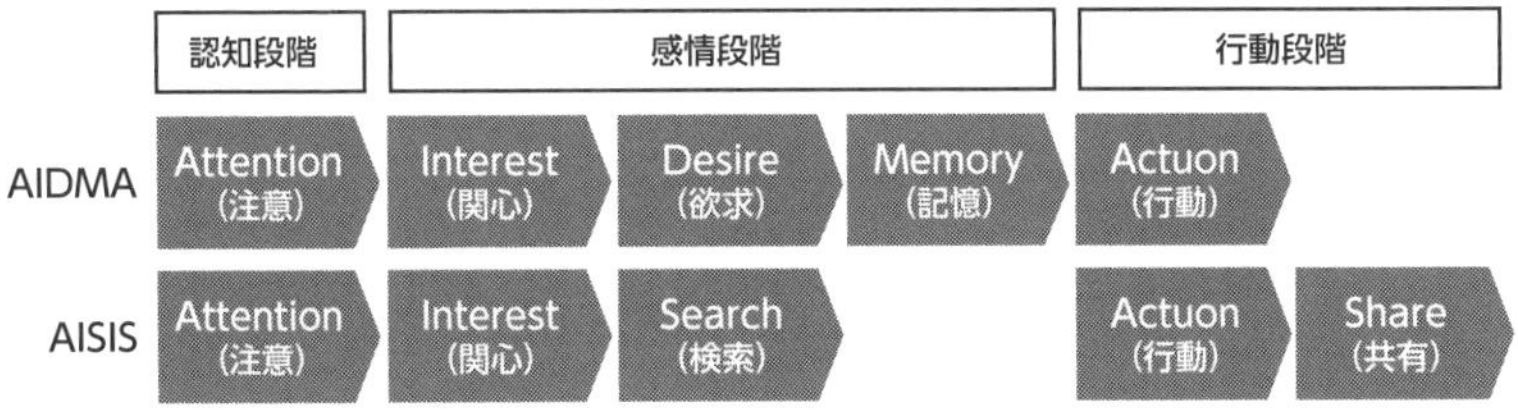

【行動変容段階モデル】

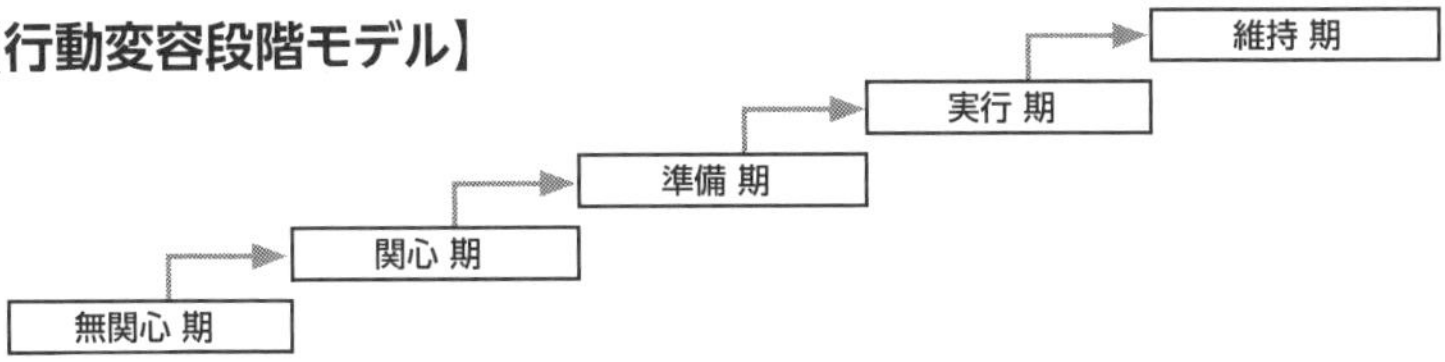

学生に技術を語るときのポイント

自社の技術や専門性の社会への適用および将来性を説明
（学生の身近なものと紐づけるのがポイント）

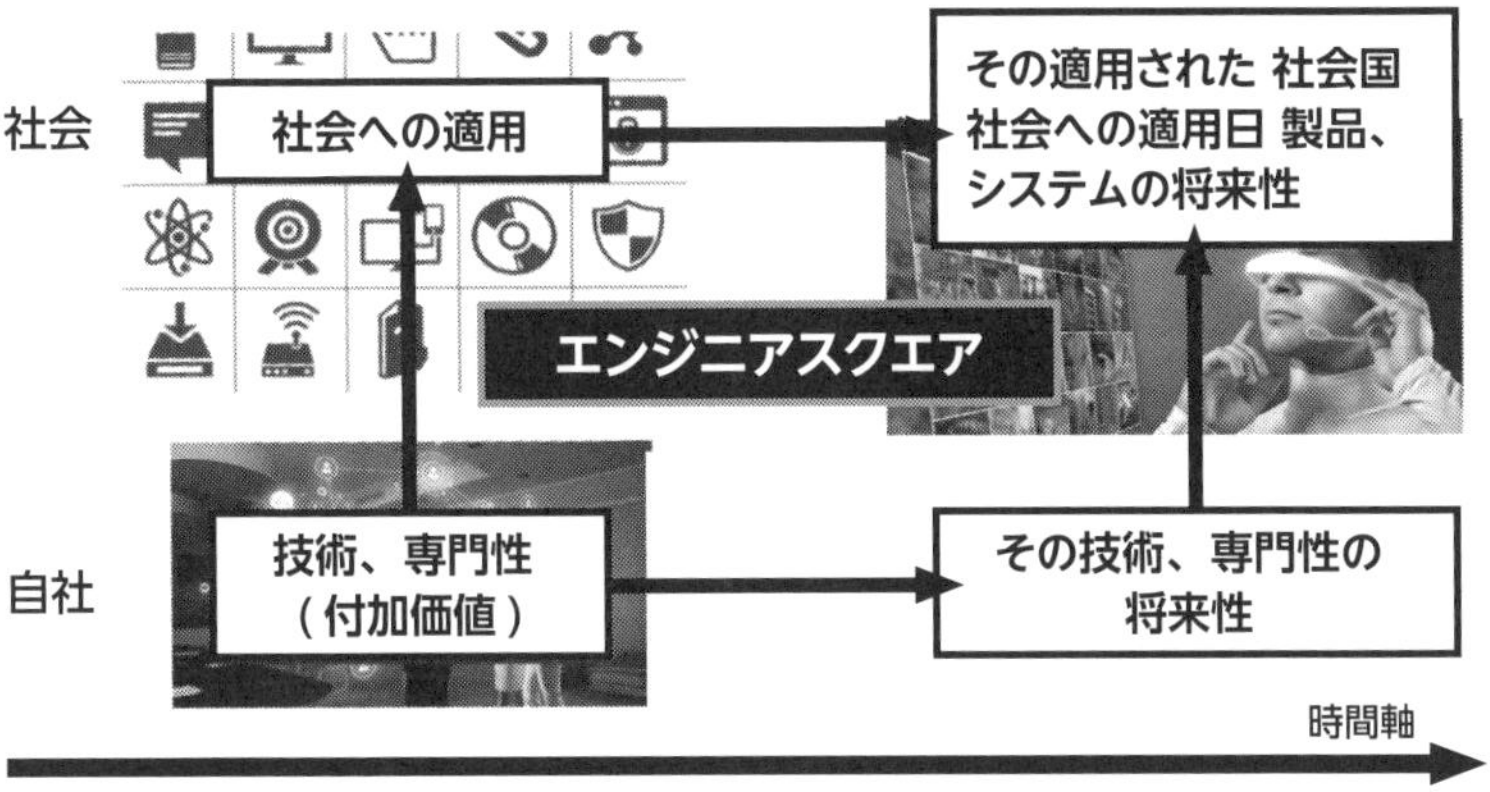

よくあります。「知らない」から「行ってみてもいいかも」となり、「行きたい」、さらに「活躍したい」というモチベーションに変わっていくわけです。

最初からいきなり、会社の具体的な中身や、こんなキャリアが描ける、といったことを一方的に伝えてもなかなか響きません。

「自分はこの会社に行くべきかも?」と思わせるようなシチュエーションや、インターンシップやワークショップなどのイベント、さらには言葉を用意します。そして、自身が将来的に、企業や社会にどんな影響を与える技術者、および人間に成長できるかを、リアルな先輩の声でイメージさせるのです。

様々なファクターを用意しながら、一連のアプローチをストーリー化して提供することで、テクダン・テクジョに「この会社なら自分を活かすことができる」と腹落ちしてもらう。そこに至ることで、内定の承諾へとつながっていくわけです。

☑この一言でテクダン・テクジョはオチる

皆さんの中にも、たとえば恋愛において、一世一代の「口説き文句」で相手を振り向かせようとした経験のある方はおられるのではないかと思います。

口説き文句とは、相手の気持ちを自分に対して好意的にする際に使われる言葉です。普段の会話とは違うタイミングやシチュエーションで使いますから、相手を説得するにはより効果があります。

私は恋愛コンサルタントではありませんから、あまり深堀はしませんが、たとえば雰囲気のある場所で口説かれたり、口説き文句の中身やそれを使うタイミングによっては、女性は当初好意を持っていなかった男性に対しても、心を奪われることがあるのではないでしょうか。

採用活動もある意味で恋愛と同じように、人と人の1対1での関係性がベースになっています。学生たちと様々な関わり合いを持ったあと、最終的には自分の想いを乗せた特別な言葉が、相手の心にどう刺さるか…という局面がきっとあるわけです。

たとえば恋愛の世界で効果的な口説き文句の一つが、「君じゃなきゃ、僕はダメなんだ」というセリフだそうです。「あなたは特別な存在」であることを伝える口説き文句であり、効果的なひと言。このセリフによって、相手に対するあなたの誠実な想いを伝えられるということです。

これは、採用の舞台でも同じだと私は思います。

選考の過程で、「君じゃなきゃ、僕はダメなんだ♡」というセリフをそのまま使うと、きっと多くの学生は引いてしまうと思いますが、それと同じ意味の言葉は、おそらく彼らを振り向かせるために必要なメッセージだと思います。

つまりは、「君の力が必要だ」ということ。学生の背中を押してあげる、最後の決めゼリフ。その上で、なぜ必要かということを、どの会社よりも具体的に論理的に説明できるかどうか、です。裏返せば会社の側も、彼らテクダン・テクジョに入社してもらったあと、どのような分野でどんな力を発揮してほしいのか、その理由やシチュエーションを明確にしておくことが欠かせません。テクダン・テクジョに対する口説き文句は、あくまでもそうした仕事軸によるべき。その上で、相手の知識やスキル面をキャッチアップする言葉を、どうつなげていくかが重要と言えるでしょう。

☑ 募集要項にただ「エンジニア」と書いていませんか？

テクダン・テクジョを採用したあと、実際に社内のどのような分野で活躍してほしいのか。その具体像を明らかにしておくことが重要とこれまで書いてきました。

とりあえずエンジニアが欲しいから、募集職種に「エンジニア」って書いておこう、ではダメです。それでは間違いなく、良い人材は集まりません。

もちろん、「エンジニア」という記載は必要ですが、どのような役割を任せたいエンジニアなのか、少なくとも業務の中身がイメージできる表記にする必要があります。ただ「エンジニア」と書いて就活サイトに掲載しているだけでは、優れたテクダン・テクジョの募集には不十分なのです。


すでに数多くのエンジニアを擁するシステム会社などであれば、事業内容を見れば、エンジニアとしてどのようなことをするのかが分かります。

けれども、それまでエンジニアを採用したことのない文系会社が単に「エンジニア」と書いただけでは、テクダン・テクジョたちは間違いなく「?」が頭に浮かぶばかり。興味があるからエントリーしてみよう…という行動にはまずつながらないのです。


たとえば、私がかつて在籍したデンソーグループの中に、デンソーがリリースした製品のメンテナンスを行ったり、アフターマーケットのフォローを担う営業要素の強い会社がございます。

営業職は集まりやすかったのですが、「技術サービス職」という故障した自動車についての診断や技術対応をカーメーカーのディーラーや、地域のサービス店へ指導する技術系職種の募集に課題があり、相談をうけました。

「技術サービス職」というものが、一見すると専門性の低い職種というイメージがあったり、そもそも企業の名前から理系が活躍しづらいととらえられているところが真因であると考え、私は職種の呼称に「モビリティドクター」という造語を作り、募集をかけ直しました。

「車のお医者さん」という訴求要素を重視して「モビリティドクター」という言葉を作り、学生にできるだけ仕事の魅力が伝わるよう工夫したわけです。その結果、応募の数は大きく跳ねることになりました。


一般的に「エンジニア」と言っても、仕事の中身は様々です。エンジニアという単語が付く仕事の主なものをざっと挙げただけでも、次のようなものがあります。

システムエンジニア・インフラエンジニア・ネットワークエンジニア・セールスエンジニア・Ｗｅｂエンジニア・サーバーエンジニア・フロントエンドエンジニア・マークアップエンジニア・データベースエンジニア・制御組み込みエンジニア・ＩｏＴエンジニア・セキュリティエンジニア・クラウドエンジニア・バックエンドエンジニア・テストエンジニア・フィールドエンジニア……。

単なる「エンジニア」という記載ではなく、技術職として期待したい役割を表し、テクダン・テクジョの好奇心やモチベーションをかき立てられるような職種表記を、ぜひ考えてみてください。

☑

テクダン・テクジョの志向と自社の魅力が重なるポイントを探せ

企業が採用の設計を進めていく上で、大事にしなくてはならないポイントの一つが、ＵＳＰ（Unique Selling Proposition）です。

これは簡単に言うと、ビジネスや提供サービスの「売り」という意味。他社にはない独自の価値を提案することであり、企業が収益を上げていく上で非常に重要なカギとなるものです。

採用活動においては、自社のＵＳＰと、理系人材の志向が重なるポイントを見つけ、それを提供していくことが大事な要素となります。

私が新卒採用サポートを担当していた、ある中小企業の例を紹介してみましょう。

ターゲットに響く「USP」の選定が肝

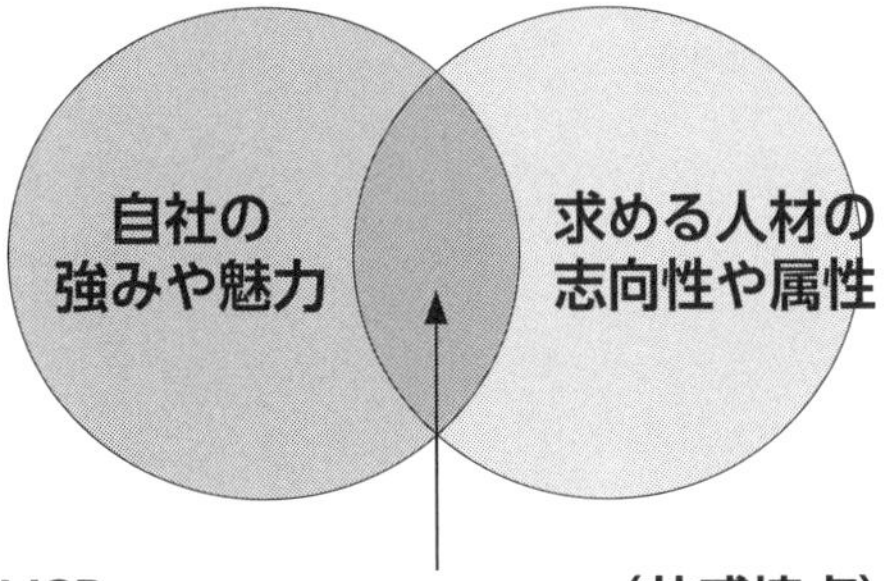

USP Unique Selling Proposition（共感接点）

→キャッチコピー（= 一言で言うと）
各コンテンツ（インターン、説明会、選考等の世界観作りその会社はスーパーなどの業務用空調や冷蔵庫の施工・メンテナンスが主事業であり、仕事内容としては、技術的要素も多いので、本当は理系出身者を活用したいという考えではあったのですが、採用難易度の観点で、従来は文系出身者を中心に採用を続けていました。

しかし、理系人材は工夫次第で中小企業でも採用が可能であるという事実と、育成工数や、事業の質をさらに高めるために、理系人材採用に注力することになったのです。

「自社の魅力を理系の学生にうまく伝えたい」という要望を受け、私は考えました。

同社の事業の強みや魅力を、どう学生の志向とマッチさせるべく、訴求すれば良いか。そこで着眼したのが、その会社が持つ一番の強みである「腐らせない技術」でした。

スーパーなどの業務用冷蔵庫に故障などの不具合が起こり、電源が落ちてしまうと、中の商品がすべて腐ってしまいます。その際に莫大な補償が伴うことから他社の参入壁が高く、その結果、この会社はシェアを伸ばしていったのです。

つまり、「腐らせない技術が会社を支えている」というわけです。

その強みを、私は理系学生への訴求要素として使おうと思いました。

「あなたは大手企業に入って、自分のやりたいことができずに自分の技術や知識を腐らせてしまっていいのですか?」もっと言えば、「自分の人生を腐らせていいのですか?」というフレーズで同社の価値や魅力と掛け合わせました。

キミの人生、
くさらすな。
ありがとうと言われる技術者の道

今日ブースでお話しするCONTENTS!
❶ なぜ　「電気を守る最後の砦」なの!?
❷ 誇る「4つの強み」とは!?
❸ これからのキャリアを考える!「本質的な会社の選び方」とは?
キミが街を再稼働させろ

その結果、多くのテクダン・テクジョの応募を手にすることができたのです。

また、非常用電源のメンテナンスや設計を主事業にする会社の、「電気を守る最後の砦」というキャッチコピーも、「自分の技術や知識で世の中を守りたい」との使命感が伝わる言葉として好評でした。

このようなフレーズに、「あなたの力を求めている」という言葉を入れながら、会社の強みと理系人材の志向を合致させて、任せたい業務の中身とやりがいを訴求する。そうした「共感接点」を見つけながら、効果的な言葉でアプローチしていくことが大切ということです。

☑ 内定を出しても入社式まで絶対に気を抜くな

この章では、テクダン・テクジョをいかに「納得」させられるかを主眼に、どうすれば彼らの内定承諾を勝ち取っていけるかについて説明してきました。

そのプロセスには、最後に大事な補足があります。内定承諾を得ても、入社式まで絶対に気を抜いてはダメだということです。

優秀なテクダン・テクジョは企業から引く手あまたですから、内定を得た後も、多くの会社からアプローチを受け続けます。ですから、とにかく油断は禁物ということなのです。

実際に私は、デンソーテクノ時代にこんな経験をしました。

ある理系の学生は、大手の自動車メーカーへの就職を考えながらも、「自分は大きなコンセプトを描くよりも、サプライヤーの部品やパーツなどの細かなプロダクトを極めていくほうが向いていると思う」と、5月に内定承諾書を書いてくれました。

私は安心して、少しタカをくくっていたんですね。すると、8月も下旬になった頃でしょうか。大手自動車メーカーが、予定人員に届いていないということで再募集をかけ、その学生に内定通知を出したのです。

彼は、あきらめていた自動車メーカーからの通知に、思いが大きく揺らぎました。最終的に、彼はその自動車メーカーを選択したのですが、結局、私をはじめとした当時の人事担当チームが、彼にしっかりとした〝軸〟を埋め込む作業を行えていなかったのです。

内定を出して、本人が「行きます」と承諾書を出してくれていても、安心は禁物です。しっかりと継続的なコミュニケーションを取りながら、より強固な入社する軸（考え方）を作り上げてもらうための努力を、企業側もしなくてはなりません。

極端に言えば、毎週1回インターンシップを行う、などの方法でもいいでしょう。また理系の人はとかく勉強に対して真面目で熱心ですから、技術心をくすぐるような課題を与え、入社までの期間で継続してスキルアップを図ってもらう状況をつくるのも効果的です。そうやって、テクダン・テクジョたちのマインドをしっかりとグリップしておくことです。

適度に難しい課題を出したほうが、理系の彼らは真剣に取り組んで解を見つけるべく頑張ってくれます。彼らの入社ロジックがいっそう強固なものになるよう、内定時から入社まで一緒に歩むスタンスを、経営者や人事担当者の皆さんにもぜひ大事にしていただきたいと思います。

第６章
理系採用未経験でもうまくいく「5原則」とは

☑ 理系学生にYESと言わせる「理系採用の5原則」

本書のテーマである、「理系人材の採用経験のない企業が、それを行うことで新たな事業成長や社内改革を図ることができる」という事実。それを実践するためのノウハウについて、実際の事例も含めてこれまで説明してきました。

この章では、私が人財採用コンサルタントとして培った経験からまとめた、理系人材を採用したことがない企業でもうまく行えるようになるための、**「理系採用の5原則」**について紹介していきます。

経験がないからといって、二の足を踏む必要はまったくありません。これらのポイントを押さえれば、テクダン・テクジョの採用に失敗することなく、必ずや企業の発展に役立つ人材を確保することができるはずです。

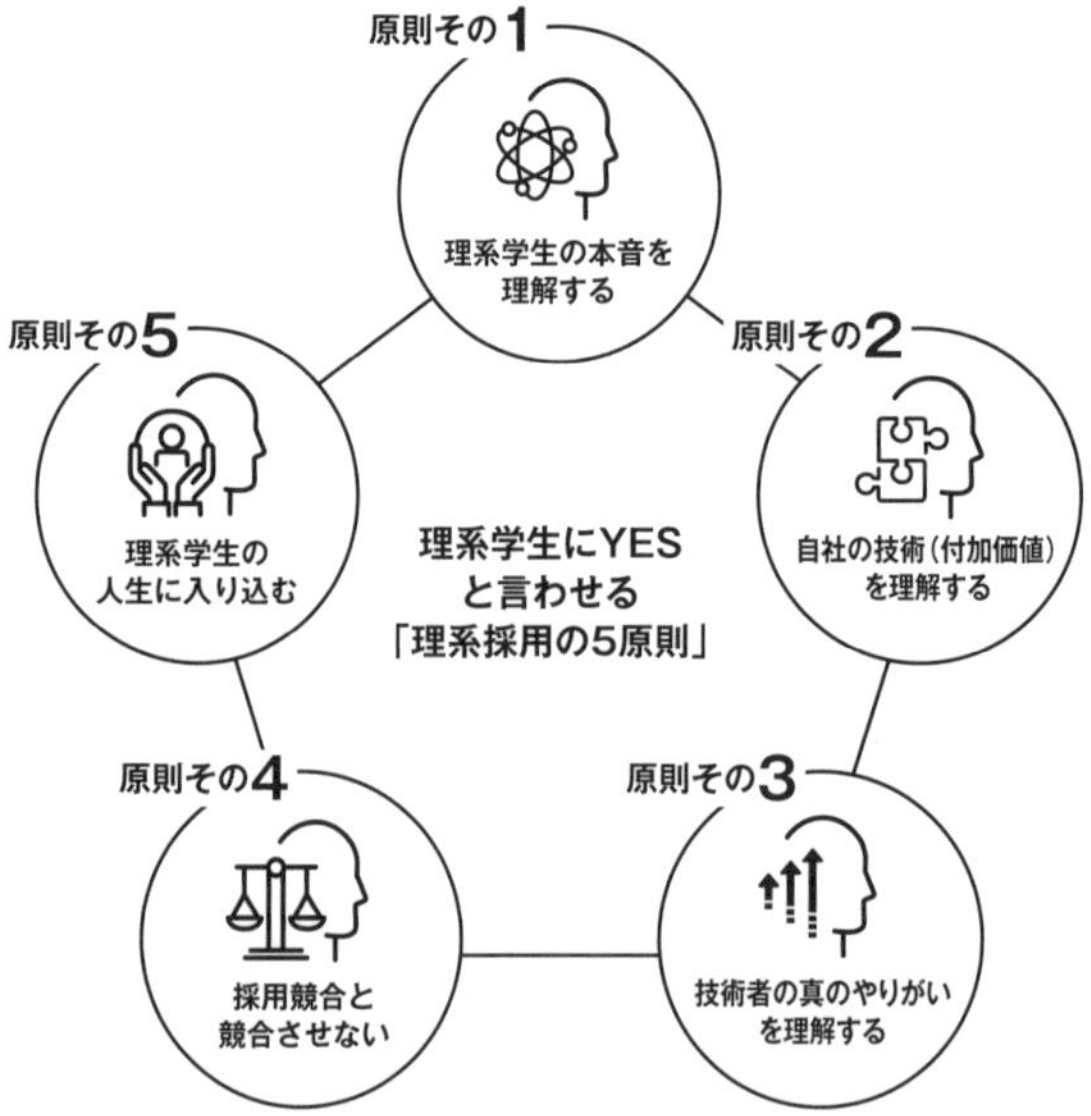

原則その1
理系学生の本音を理解する
原則その2
自社の技術（付加価値）を理解する
原則その3
技術者の真のやりがいを理解する
原則その4
採用競合と競合させない
原則その5
理系学生の人生に入り込む
理系学生にYESと言わせる「理系採用の5原則」

原則その1

理系学生の本音を理解する

理系採用未経験の会社は特に、まずは理系学生の視点に立ち、彼らを理解することから始める必要があります。

採用活動を履歴書と簡単な面接だけで機械的に行うのは、数字のスペックだけを見て、試乗せずに車を買うようなものです。目の前の理系学生が何を考えているのか？　自分の力をどのように活かしたいのか？　これらをじっくり見極め、「現地・現物・現認」を行うことが必須です。

理系学生の特徴として、概ねまずは数字に強いことです。そして常に、問題提起・仮説検証・結果分析・改善という行動を繰り返しています。実験や研究の結果が思ったようにいかないときにも、フローのどの段階に問題があったのか、一つひとつの要因を検証しながら前進していく思考を備えています。つまり、学生時代から日常的に「ＰＤＣＡサイクル」を回すための思考力を鍛えているという特徴があるのです。

日頃からあらゆる課題に対して論理的に考察する姿勢が身に付いていますから、問題の本質を理解してトラブルを解決することや、新しい商品やサービスを生み出す思考力にも長けています。つまり、思考回路が左脳的であり、論理的事実に基づいて考察を深めていくことを重視するのが理系人材ということになります。

彼らはふだん、周りから積極的に見られにくい部分がありますが、いったん腹に落ちると驚くほど積極的になったりします。人間関係においても、すっと自分の中に納得感が芽生えれば、途端にコミュニケーションの距離を詰めてくるという特徴があります。

また、自分の専門性にプライドを持っています。ただ、「分からない人には理解されにくい」と自覚していますから、自分から積極的に分かってもらおうとはしません。けれどもプライドはありますから、認めてあげるとうれしくて、徐々に自分の強みを出せるようになっていきます。

そして、自分が深めてきた理系の学問は、ほかよりも上位であると常に思っています。自身が学んできた専門分野が上位概念でいたい、本質でありたいという思いがあるのです。

こうしたテクダン・テクジョの本音や本質を、まずは十分に理解することが必要です。理系学生の視点に立ち、彼らを知ることから採用活動はスタートします。そうした本音を理解した上で、力を発揮してもらえるポジションや役割、業務の内容をしっかりと見極めていくべきでしょう。

原則その2

自社の技術（付加価値）を理解する

「この会社なら、自分の技術でさらに優れた製品やソリューションを生み出せそう」――ターゲットである理系学生をそんなふうに魅了するには、自社のビジネスが社会に提供している価値を、採用担当者自身が正しく理解していることが求められます。

その上で学生の技術と掛け合わせ、どう発展させていくのかという「必殺ポイント」を作る必要があるのです。

その点、技術系の会社が理系人材を採用したい場合によく見られますが、自分の会社の技術的優位性について、採用担当者が十分に理解できていないことがあります。

経営者が技術畑の人であればまだいいのですが、多くの場合、人事担当の人たちは文系出身で技術的な知識を持たず、自社の魅力や優位性が理系学生に十分に届きません。

自分の会社の技術的優位性が理解できていないため、理系の学生を前にしても、彼らが最も聞きたいはずのテックの話よりも、企業理念や行動規範、営業的目標やビジョンといった、理系学生が苦手にしている話ばかりを繰り返してしまいがちなのです。

また、これまで理系学生を採用したことがない文系会社においても同様です。

新たに理系人材を採用しようと考えたのはいいものの、自社の事業やサービスにおいて、どのように理系学生の能力を発揮してもらいたいのか、経営者や人事担当者が十分に共有できていないことが多々あります。

それでは、目の前の理系学生たちに、どのような領域で力を発揮してほしいと考えているのかがまったく伝わりません。大事なのは、学生の頭の中に、自分がこの会社に入って活躍している光景が「具体的に」イメージできること。そのためには、自分たちのビジネスを本質から理解し、明快な言語で理系学生に説明していくことが不可欠なのです。

自社のサービスや商品が世の中に受け入れられていることを、漠然としたイメージではなく、論理的に言語化して明確に説明できなければ、学生の腹には落ちていきません。今の自社のビジネスに、テクダン・テクジョたちの知識やスキルが加わったときに、どんなシナジーが生まれるのか。

その絵をしっかりと描きながら、目の前の学生たちに十分に説明できてこそ、理系人材に自社の魅力を本当の意味で伝えることができるのです。

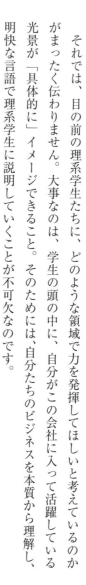

原則その3

技術者の真のやりがいを理解する

社員のことを、「代わりはいくらでもいる」なんて考える経営者がいるとすれば、そんな会社は成長や飛躍とはきっと無縁です。人材の流動化が進み、副業も活発になっている今、「オマエの代わりはいくらでもいる！」などと言い放つパワハラ上司の前には、「あ、そうですか」と涼しい顔で会社を去っていく社員のほうが普通と言えるでしょう。

そのような採用スタンスは、言うまでもなく理系の学生にはまったく通用しません。理系にかぎらず、「代わりの効かない社員を育てる」ことが経営者の責務です。社員の真のやりがいを提供する意味合いでも企業側が高い影響力を発揮し、学生のコミット意識を高める必要があるのです。


やりがいというのは、物事に対する充足感や手応え、張り合いを意味します。もっと言えば、誰かのために役に立っていることを実感できるという達成感であり、自己充足感です。

とくにテクダン・テクジョは、自分の持つ技術やスキル、自分の価値というものを必要とされる、され続けることを実感できたときに、本当の意味で「心の安定」を手に入れることができます。大事なのは、自分の技術や知識を、この先も必要とされ続けることが実感できるかどうか。つまりは「代わりの効かない人間である」ことが強く意識できたときに、心の安定と充実が得られるわけです。

テクダン・テクジョにとって、やりがいとはイコール、「真の安定」と置き換えてもいいかもしれません。彼らのそうした想いを理解することが、まずは重要であるといえるでしょう。

もう一つ、テクダン・テクジョは自らの技術で勝負していく人だけに、置かれたステージのレベル感も、やりがいを考える上での大事な要素となります。

というのも、人はある物事に対して自身のスキルや能力が一致していなければ、その行為に対して充足感や手応えを感じることができないからです。

たとえば仕事で手応えを感じるのはどんなときでしょうか。スポーツに置き換えてもいいでしょう。テニスでもバドミントンでも卓球でも、または対戦型のロールプレイングゲームでも同様です。1対1で向き合う競技で手応えを感じるのは、自分と相手の力関係がある程度拮抗しているとき。大人と子どもほどの力の違いがあると、プレーに対して充足感や手応えを感じることは普通できませんね。


このことは、テクダン・テクジョの仕事にも当てはまります。自分のスキルで勝負するという感覚を強く持つ彼らのマインドは、スポーツ選手のそれによく似ています。程よく強い相手、自分にとって手ごわい相手が目の前に現れると、途端にモチベーションが上がり、意欲的に取り組むスイッチが入るのです。

その仕事が他の誰にもできないものであればなおさら、「自分が必要とされている」「自分でなければできない」というやりがい、つまり「真の安定」が得られます。

テクダン・テクジョには、ぜひそうした環境を社内で用意してあげてください。彼らの良き「対戦相手」となる、彼らにしかできない課題を与え、それを会社の新境地となる事業やサービス、業務改革へと結びつけて欲しいと思います。

原則その４

採用競合と競合させない

競争が激しいテクダン・テクジョの採用において、競合他社と本気で戦ってはいけません。

このときの「本気」とは、「真正面に」という意味でもあります。

同じ土俵で正面からぶつかり合おうとするのではなく、吊りや投げといった、自分ならではの技で勝負すべき。他にはない、自社オリジナルの強みで学生を魅了することを考えるのが重要なのです。

これまでも触れたように、求人倍率の高い理系人材に対しては、採用活動のなかでバッティングする会社はたくさん出てきます。その中で、中小企業が大手有名企業と真正面から戦いを挑んでも、勝つのはなかなか難しいのです。

ただし、会社の規模やブランド力では敵わないものの、勝てる要素がまったくないかといえば、決してそんなことはありません。

たとえば、自社が持つ固有の技術力や、技術者一人ひとりの成長に目を向ける育成の細やかさ、または社員に受け入れてもらいやすいアットホームな社風など…。企業の持つ魅力や価値を考える上で、「大は小を兼ねる」ということは絶対にありません。「大」が持ち得ないものを、「小」であるからこそ持てるものは必ずあるわけです。

大企業に勤めることだけが正解ではないことや、中小企業だからこそ得られる幸せがどこにあるのか。そのポイントになるものを自社で突き詰め、磨き上げていく。逆に、そこで勝負をしなければ、確実に負けてしまいます。

そもそも、全国に約359万社ある日本の企業の中で、大企業の数はたったの0・3％です。逆に、働く人の割合は、全体の約70％を中小企業が占めているのです。

社員一人ひとりの責任が大きくなり、若いうちから権限を与えられ、大企業ではなかなか体験できないような仕事を任されるのが中小企業です。役職者との距離が近く、社員一人ひとりの意見や考えを重視する傾向が強いのは、中堅・中小企業ならではの良さだといえます。

大手企業と同じ土俵に乗らず、固有の世界観を大事に、ポジショニングを明確にして自社の強みを磨き上げる。個人が担える仕事の裁量の大きさ、身に付けられる技術の幅や深さで勝負できれば、テクダン・テクジョはもう、それまでのように大手ばかりを見ることはきっとしないでしょう。

技術的にひたすら尖っている会社であるとか、世の中の環境変化にいち早く順応していける会社であるなど、何でもいいのです。

「この会社は○○であれば一番だな」というオンリーワンの戦いに持っていければ、もはや大手企業は脅威ではありません。私が考える中小企業の主な勝ちパターンは、実際にやっていく事業や仕事・専門性の魅力でオンリーワンの訴求をすることプラス、社員一人ひとりの顔や志向、性格でおりなさられる大手とは違う社風の魅力。これで戦うことがセオリーであると考えます。テクダン・テクジョがくすぐられるポイントを前面に打ち出して、中小ならではの戦いでぜひ勝機を見出してください。

原則その5

理系学生の人生に入り込む

私は30歳のときにデンソーテクノの人事部に転職し、本格的に人事のキャリアをスタートさせました。機械系、電気系、情報系の理系の新卒採用を成功させることをミッションとしてノウハウを積み重ねていき、その中で、ノウハウやテクニックも大切だが、働いている社員側の意識を変えることが採用成功のカギであると気づくようになりました。

社員の意識を変えるための術については、各章の中で様々な事柄について説明してきたつもりですが、欠かしてはならない大事な要素がもう一つあります。

それは、人事の本質は「愛」であるということです。特に、理系学生を獲得する上での大切な原則となるものだと、私はこれまでの経験を通じて強く感じてきました。

企業はその人にとって、自分らしく活き活きと働ける場でなければいけません。そのために私たちは、学生個人とも深く向き合い、人生でどんなミッションを果たしたいのか、ともに模索しながら採用活動を支援していきます。ところが、よくあるのが、そこまで学生の人生に入り込む必要があるのか？　それをしてはいけないんじゃないか。などという声をよく頂きます。しかしながら、中小企業が理系学生を本気で採用しようとするならば、それは必須の項目であると確信しています。

採用する側が、採用される側の人生の大切な時間をもらうわけであり、一緒に人生を歩むパートナーとならないといけないわけで、そこに対して踏み込んで一緒に考え、お互いコミットしていくことが最も重要なことなのです。

このプロセスを通じて、採用に関わる経営者や現場の社員、人事の社員すべてが改めて自社の未来、自分の未来に対してもコミットしていくことで、実は、会社を変える力（変革力）が生まれていくのです。

つまり、理系学生の将来を拓くため、彼らの人生に入り込む勇気を持つことが欠かせないのです。人生に入り込む勇気……そのよりどころになるのが、「愛」だと私は思います。

「愛なんて、ベタなこと言うなぁ」と思う読者の方もいるかもしれませんね。けれども「人事の本質は愛」というのは、トヨタ自動車でもバイブルになっているように、私もこれまでの人事業務や人事コンサルティングの経験から得た、大切な答えの一つという気がしているのです。

当然、どの会社も優れた人材が欲しいわけですから、人事担当者は学生に対するアプローチの仕方を試行錯誤し、工夫を施しながら、彼らをいかに魅了できるかを考えていきます。

そして無事に採用・入社へとつなげると、人事担当者はホッと胸をなで下ろします。けれども大事なのは、会社の人事担当者、さらには経営者の役割は、決してそれで終わりではないということです。

自分が学生の人生に影響を与え、何らかの気づきをもって入社してくれたテクダン・テクジョに対して、受け入れた側には当然責任があります。その子の面倒を一生見る、という覚悟が絶対的に必要なのです。

その責任と覚悟を、愛という感情で相殺した上で、彼らの成長を見守るのは経営者の役目です。それは、親が子どもを教育するのと同じ理屈。利他的で無償の愛を提供できなければ、テクダン・テクジョたちも困難を乗り越える勇気を持てないのです。

テクダン・テクジョはとかくドライと思われがちですが、何事も論理的に考えていく中で、最後に背中を押されるのは、こうした感情の部分が大きいといえます。

人の心が動く要素として大きいのは、愛という感情。それを大事にする会社とそうでない会社とでは、業務において社員がもたらす成果も大きく変わるのです。

新しい環境に踏み出す勇気を彼らに持ってもらうためにも、人生に入り込む覚悟を持ち、その裏付けとなる「愛」を大事にする。これが、テクダン・テクジョの採用における最後の重要なポイントであると、私は思います。

理系人材のキャリアと人生の幸せに真剣に向き合い、愛情を持って入り込んでいくことで、彼らはビジネスを花開かせる原動力となって、想いに応えてくれるはずです。

第７章
理系採用であなたの会社が劇的に伸びる

ここまで、理系人材（テクダン・テクジョ）の特徴や、その採用の仕方について述べてきましたが、大切なことは採用後、具体的にどう活かし、会社を成長させていくかであり、そこについて、まだ見えない部分があるのではないでしょうか？

この章においては、理系の知識や技術を活かすことで、企業が新たなサービスや価値を生み出した社会的にも興味深い事例や、私が支援して実際に起こった人事変革事例についていくつか紹介させていただき、そこから見えるテクダン・テクジョの活かし方と、企業変革の方向や方策について述べてみたいと思います。

☑ ビッグデータを活用して新しいマーケットの創造

人材業界（HR業界）は今や空前のテック化ブームです。通称HRテックと言われる人事・人材と技術の融合により生まれる新たなサービスが次々と生み出されています。

一般的にはAIやクラウド・ビッグデータといったテクノロジーをHR分野に応用することで採用・人材管理業務を効率化できるサービスを指し、およそ8つのカテゴリー（人事全体、採用、エンゲージメント（従業員満足度）、労務管理、サーベイ・分析、アウトソーシング、出戻り（舞い戻り）制度、ほか）が現状出回っており、弊社でもすでに開発した採用のプロジェクト管理システムはじめ、今後採用時に活用できる様々なサービスを開発しております。

人事領域の仕事は、従来、数値にしづらく、たとえば研修を実施した上での効果測定をする場合に、研修の満足度くらいしかデータにできなかったわけですが、昨今は、社員の持つスキルや能力、心の状態、上司部下の関係性などがデータにすることができるようになっていますので、研修前後のパフォーマンスの分析ができるようになっているのです。

これらは、ビッグファイブ理論などに代表される人間の性格的特徴から分析された理論など学術的なものから応用し、各社が独自に設計したロジックに基づき集められた膨大なデータを解析し、企業の人事活動の支援として使えるプラットフォームやツールとなっています。

このHRテックという市場は、２０１８年２５６･４億円、２０１９年３４９億円と言われており、２０２４年には１７００億を超える市場となると言われています。

こういった膨大なデータから解析し、今までできないと思われていたことをサービスにしていくことが近年加速度的に増えているのは既知のことと思われますが、この本をお読みの経営者や事業活動をされている方々の事業においても、実は重要なデータをお持ちではないでしょうか？

たとえば、地域密着で地域ユーザーと長い間お付き合いしていくようなサービス業であれば、地域顧客のユーザーデータは何にも代えがたい資産であるといえます。

テクダン・テクジョを採用し、経営者や幹部のこれまでの知見や知恵と、テクダン・テクジョの解析・分析技術を活かし、新たなサービスを生み出してみればいかがでしょうか？　実は、大手企業各社が気づけていない、ブルーオーシャンが私には多分にあると考えています。

無人システム開発で店舗数が10倍に

無人システム開発で労働力の縮小や有名で身近なものとすると、大手コンビニ各社が進めているものは分かりやすいと思われます。

大手コンビニ各社は、営業時間の長さに加えて、業務内容の複雑化などにより加盟店の従業員の確保が困難となっており、人手不足が深刻化していることや、加盟店オーナーの高齢化、24時間営業等で休みが取れないことなどを要因としたオーナーの満足度の低下という問題に対し、省力化を狙いとして、セルフレジの導入や時短営業、店舗スタッフ派

ブルーオーシャン事業の可能性

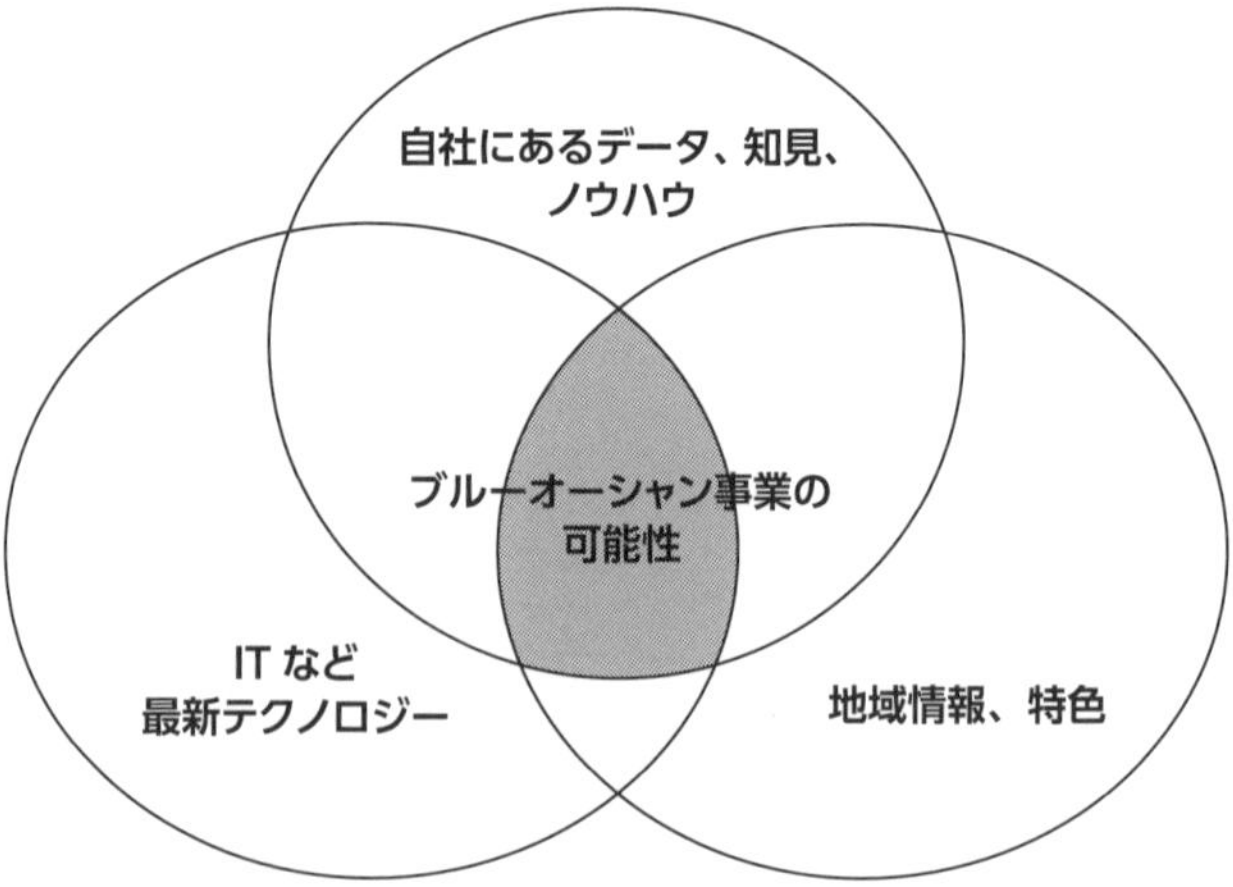

遺等の施策を公表しており、店内でのユーザーの導線データの収集・分析や需給に応じた価格の自動変更、ターゲティング広告など、収益を向上させるための施策が推進されています。

天井などにセンサーやカメラを取り付け、顧客の導線を可視化し、映像から顧客の顔をとらえ、画像解析、画像認識技術を用いて、ユーザーの属性（年齢、性別等）それぞれが、どのような行動をとるのかを解析し、商品の陳列を変えたり、もっと進むと、ディスプレーに表示する内容もユーザーごとに変えていくといったことも研究されています。ファミリーマートはこのような設備投資に２０１９年２５０億ほど投資されているようです（公表資料より）。

各社、大手ＩＴ企業と連携しこれらを実現させているのですが、同じような莫大な投資を中小企業はなかなかできるものではありません。

ただ、ここで考えてほしいのは、何らかの数値データと理論を用いてシミュレーションをするというのはテクダン・テクジョはそれぞれの研究で必ず実施してきています。ダイレクトに大学時代に画像処理、画像認識技術を学んできている情報工学系の学生もいますが、工学系の学生であれば、シミュレーションはほぼ必ず経験していますし、数学系の学生であれば、多くの数値情報から相関関係にあるものを特定していく多変量解析系は得意です。ということは、販売や小売業を行っている企業様であれば、テクダン・テクジョを採用いただき、コンビニ大手がやっているものに近いものは仮にテクダン・テクジョの初任給20万×12ヵ月＋賞与のおよそ年間３００～４００万程度の投資で、いくつかの調査解析は実施できることでしょう。そのテクダン・テクジョに、まず自社の専門性（強み）や今後のビジョン（テクダン・テクジョを活用した未来）に共感させ、入社までいった際には、実際の仕事をしてもらいながら、どういった部分が数値化、データ化できるかを考えてもらい、大手コンビニ各社の事例などを研究した上で自社でできることを考えてもらえないか？　と期待役割を与えてください。

問題を解きたい理系魂をくすぐり、ポジティブに実施してくれるはずです。

仮に、どこぞのＩＴ企業と手を組もうとすると、その何十倍の投資が必要となるのはさておき、自社にノウハウが残らないなんてことにもなりかねません。

社長や幹部にとって信頼でき、素直なテクダン・テクジョがそこにいれば、確実にノウハウは自社にストックされていくことになります。逆にテクダン・テクジョを使って、小さくても何かしらの成果が出れば、そこで使ったノウハウやロジックをベースに外部ＩＴ企業を入れて一気に勝負をかけるということもできるはずです。

◎画像認識技術

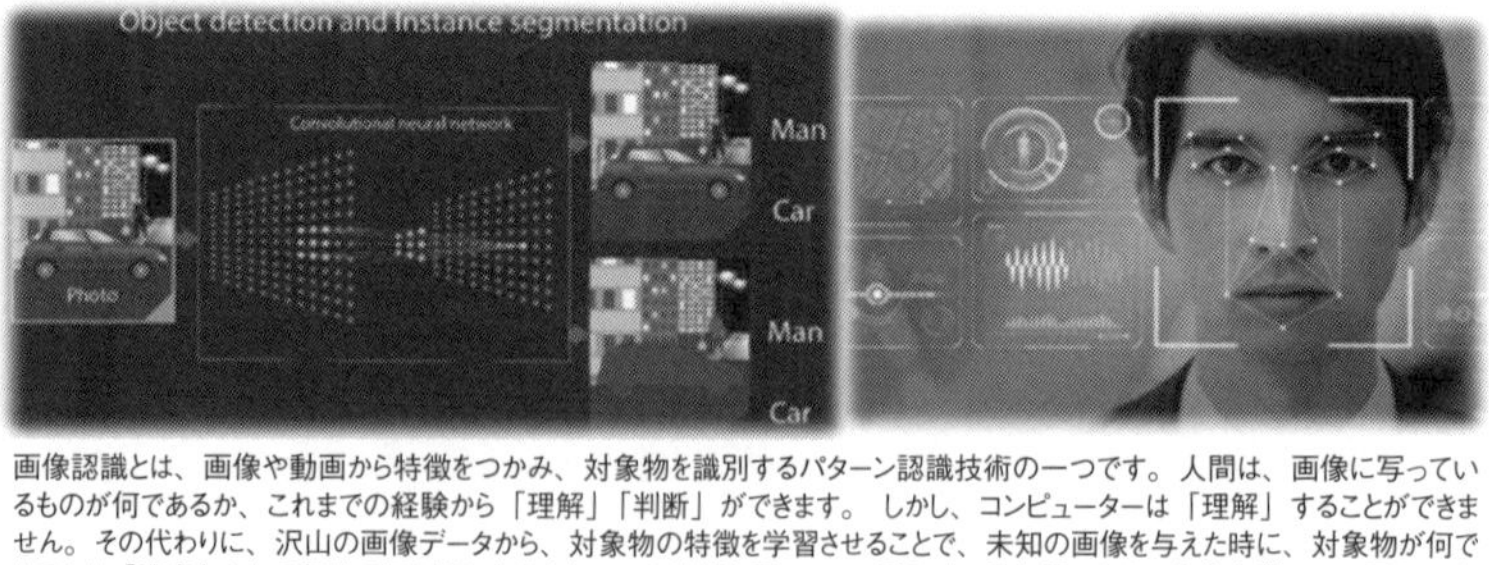

画像認識とは、画像や動画から特徴をつかみ、対象物を識別するパターン認識技術の一つです。人間は、画像に写っているものが何であるか、これまでの経験から「理解」「判断」ができます。しかし、コンピューターは「理解」することができません。その代わりに、沢山の画像データから、対象物の特徴を学習させることで、未知の画像を与えた時に、対象物が何であるかを「確率」として表現できるようになります。この技術を活かして、例えば、愛知県のとある中小企業のパン屋さんが、パンを買いに来たユーザーがパンを置くだけでパンの形状や特徴から種類を特定し、すばやく会計できるシステムを活用し、レジスタッフの省人化を進めています。

☑ 新人社員がチャットBOTで社員400人の会社に

ここからは私がご支援させていただいている東京渋谷に本社を構えるARアドバンストテクノロジ株式会社というIT企業様をご紹介させて頂きます。この企業は、クラウド技術の専門性を武器に、顧客の問題解決となる様々なシステム開発を行う2010年創業で今や社員は400名以上となっている企業です。

当然エンジニアが中心の会社ではありますが、創業当時からボードメンバー含め中途採用中心の会社作りから新卒採用を創業3年目から始められておりましたが、なかなか量と質が安定せず、また、文理でいくと、理系が採用困難なため、文系をエンジニアに育成していくという戦術をとっておられました。そこで理系の優秀層を採用しにいくということで私がご支援で関わり、今では、採用人数の7割が理系人材となっております。

どう理系学生に、同社の事業内容を分かりやすくかつ魅力的に伝えるかという課題を解決するインターンシップの企画や、選考プログラムの企画、採用活動に関わるスタッフのスキルアップ研修等を実施しながら、経営者・幹部・中堅・若手社員それぞれに、人材採用における覚悟を持ってもらうということが、採用成功の秘訣であると考えております。

社長からも、当然文系でも優秀な人材はいるが、理系は即戦力になりやすいのと、志向性や思考回路がITにやはり向いているとおっしゃいます。理系の採用において、特に情報工学のそもそもＩＴが専門の学生以外にこだわらず理系を中心に採用されている中での社長のご意見であるとお考え下さい。

同社は、〝LOOGUE（ローグ）〟というＡＩチャットボットシステムで、企業内の従業員からの人事や労務、年末調整ほか多くの問い合わせ対応をＡＩでサポートしてくれるサービスはじめ多くのソリューションを展開されていますが、その多くのシステムはそういった新卒入社数年のテクダン・テクジョがプロジェクトを担当しているのです。

この企業の場合は、元々クラウド構築や活用に精通したエンジニアがいらっしゃった上でのテクダン・テクジョの活用ですので、それは相当素早く事業も展開できるのは言うまでもないですが、新卒は即戦力になりづらいといった解釈はもはや通用せず、テクダン・

A.R.I.
AR advanced technology , Inc

【会社名】ARアドバンストテクノロジ株式会社(略称 ARI)
【設　立】2010年1月
【事業内容】クラウド技術とデータ・AI活用によるデジタル化サービス事業
【代　表】武内 寿憲
【本社所在地】社員427名 グループ社員計462名
【本社所在地】東京都

テクジョは即戦力として数々のエンジニアソリューションに役に立つということを物語っています。

また、設立10年超で400名を超える組織になり、IPOも間近である同社の成長もテクダン・テクジョの計画的な採用が支えていることも忘れてはいけません。

新卒採用は、中途採用に比べて、ノウハウと仕組みさえあれば、計画的に採用が見込めます。テクダン・テクジョを年間数名採用を続け、自社の新たな事業を計画的に成長させる経営計画から立てていただき、採用活動でそのビジョンにしっかり共感させ入社したテクダン・テクジョたちとともに、驚くスピードで会社を強くしてみるのはいかがでしょうか？

☑ 10年かかった人材育成を3年に短縮。働き方改革を推し進める

続いてもう1社、私が支援させていただいている企業の事例をご紹介したいと思います。埼玉に本社があり、電気設備の点検・試験や施工を行うM社という企業の2代目経営者から、新卒採用を本格的に実施したいということでコンサルティングがスタートしました。

同社が新卒採用を強化したいという背景には、40代以上のベテラン社員ばかりの企業において、今後の技術継承のため、というところがまず大きな目的としてありました。現場での仕事が中心でもあり、今後社員がさらに高齢化していった場合に多くのリスクがあるのと、仕事も特殊な専

門性が必要であり、現ベテランがしっかりいる間に次の人材達をじっくりと育成していきたいという狙いもありました。

採用職種は、電気設備の試験や点検を行うスタッフで、理想は、電気工学系の理系人材が採用できることでした。ただし、理系学生に対して、普通に試験や点検の仕事と伝えると、従業員規模や知名度の問題で、集客や入社に向けての動機付けに大きな不安がありました。私が行ったのは、とにかく社長や現場キーマンから情報をいただき、電気系学生が欲しい大手企業その他の企業と競合させず、学生にインパクトを与え、競合となる企業の中、同社の優先順位をどうあげるのかという訴求のポイントから入社後のシナリオを仕上げることでした。同社は高圧・特別高圧の電気設備について、計画届出の支援から、施工～試験・点検までトータルで実施できる専門性が業界内でも非常に高いということを明文化したのと、実際に学生に峙していただく社員様たちにも、いかに同社が素晴らしい会社であるかという自信を持ってもらえるような関わりを意識していったことで、毎年一定数の理系人材を採用できる状態にすることができました。むしろ今は、同社の社風をより本質的かつ機能的で生産性の高い集団にしていくかというところにスコープを置いております。

同社の点検・試験員の仕事については、従来一人前になって、現場の責任者を務めることができるのは、10から15年くらいかかるものというが当たり前となっておりましたが、社長からも3年くらいで一人前にしていく仕組みおよび、社員主導で組織や業務改善を行える社風作りを一緒に作っていきたいと請われ、教育体系づくりや、社内のコミュニケーション活性化のための施策をご一緒させていただいております。

テクダン・テクジョの採用により、元々の理系的思考の高い人材であるので、育成工数、コストも下げられるとともに、一人前まで最短で育てるＰＤＣＡの仕組みを作ったことで、将来の技術継承リスクは毎年下がり続けていると同時に、残業や休日出勤も減少し、働き方改革も進んでおります。さらには、現場の仕事をさらに効率化・最適化・品質強化を目的としたＩＴ改革を推進されており、必要機材が保管されている倉庫の最適な導線設計や、現場作業のさらなる改善と品質強化にも取り組まれております。ゆくゆくは、そこで生み出したソリューションや製品を同業系企業に外販することも想定されているようです。これは、経営者がそもそも理系出身者ということもあり、これ以上改善が難しいと思われる部分についてもＩＴ、ＩoＴソリューションで実現可能であると踏んでいたことと、素直に指示を聞く新卒のテクダン・テクジョがいるというところで実現できている節があります。もっと素晴らしいことに、こういった取り組みから、既存のベテラン社員も今までできないと思われていたことができるようになることで、もっとやればできるんだと価値観が変化し始め、保守的だった姿勢から、自分たちで仕事をもっとよくしていこうという姿勢にマインドチェンジが起こっていることです。

この企業の場合は、経営者も理系出身者でＩＴリテラシーも高いので速やかにことが進んでおりますが、経営者が文系出身者でリテラシーが低かったとしても、テクダン・テクジョを計画的に採用し、業務に従事させながら、改善点を提案させるという手法をとったとしても様々なアイデアが出てくると考えられます。

このようにテクダン・テクジョの採用と効果的な活用があきらめていた企業風土や文化を変えていく大きなきっかけとなるのです。

3ヶ年育成計画

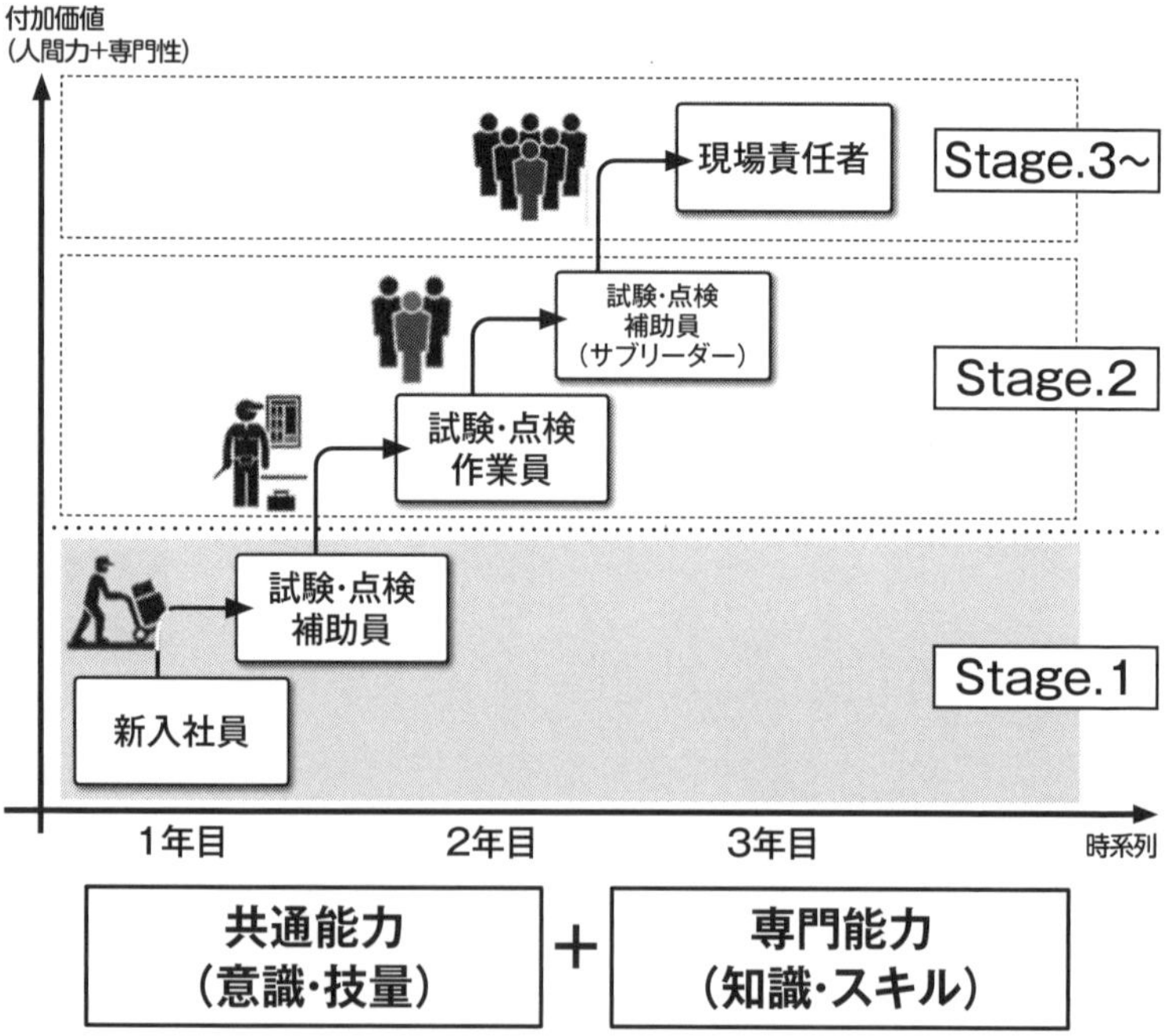

☑ 社会的ニーズのあるAIシステム開発で多額の資金調達が可能に

ここからは、弊社のお客様でもあり、パートナー企業様の事例もご紹介させて頂きます。

弊社のパートナーで、株式会社ラフールという会社があります。

同社は、「ラフールサーベイ」という組織診断ツールを用いて、企業の「健康経営」や従業員の心身の健康状態を可視化するツールを業種・規模感を問わず多くの企業へ導入していらっしゃいます。

特に昨今、心身の不調を訴える社員が増えている現状や、コロナ情勢の中で在宅勤務者が増える中で、社員の状況を可視化したいという企業ニーズは増す一方です。

社員の心身の健康状態だけでなく、エンゲージメント、職場の衛生要因、離職リスクまでを把握できるこのサービスは私もこれまでこの手のサービスを数多く目にしてきましたが、調査内容およびサーベイの設問の内容、また入力する社員側の精神状態を考慮においた非常にユーザービリティの高いサービスであると思います。約３０００社、18万人以上のメンタルヘルスデータをベースに、大学・精神科医・産業医・臨床心理士の知見を取り入れて開発したものだそうです。

代表も元々違う企業で取締役として経営を担われており、その企業での様々なやりとりの中でもこういった社員個々の心の状態や組織の状態を定点でチェックしていく必要性と、従来からのストレスチェックというものがまだまだ本質的ではないというところと、個人が変われば組織が経験からくるビジョンのもと、事業を展開されており、今後のさらなる成長が期待されております。

これは前述のHRテック領域のサービスではありますが、メンタルヘルスやエンゲージメントにかかわるビッグデータから考えられる状況を可視化するサービスです。

ビッグデータ解析や、設問の作り方など、人事的な専門知識もいりますが、理系的技術がカギを握るのです。

同社には、多くの出資金も集まっており、2020年12月にプレスリリースで発表されたものによると、12・3億円の出資をうけており、同社はこれまで合計20億円の出資が集まっています。

こういった有能なベンチャー企業だけが社

LAFOOL

【会社名】株式会社ラフール
【設　立】2011年11月
【事業内容】メンタルヘルステック事業、スリープテック事業、保育園事業
【代　表】結木啓太
【従業員数】社員60名
【本社所在地】東京都

LAFOOL SURVEY

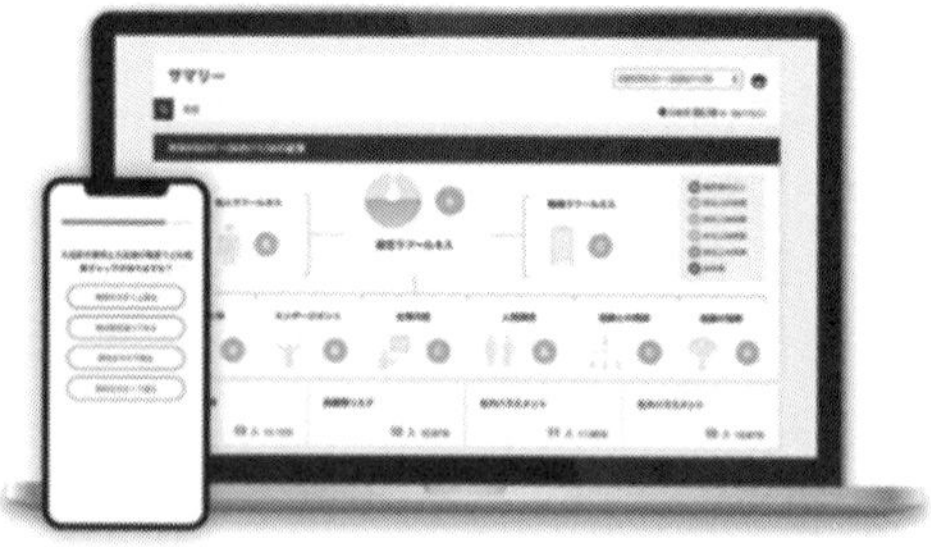

会が求めるサービスを開発できるのか？　という問いかけに対して、私は違うと即答します。

これをお読みの経営者や事業開発者の方、また一般社員から学生に至るまで、今や、何らか社会が求めるニーズ・シーズをとらえて、かつ、テクダン・テクジョの技術を掛け算することで安価にスタートできるはずです。ましてや、昨今、インターンシップ全盛期であり、極端な話、正社員にしなくて、インターン期間だけ理系を雇って諸々新規事業をともに開発し、VC等出資会社から注目されれば多くの資金を集めることができます。それを元手に大手企業しかできないと思われる領域の開発を行っていくといったことも十分可能であると言えます。

最新テクノロジーを取り入れたパフォーマンス・ラーニングシステムで大拡販

もう1社、弊社のパートナー企業で、こちらも時代や企業ニーズをとらえた素晴らしいSaaS系ビジネスを行っている企業を紹介します。ユームテクノロジージャパン株式会社という企業です。

コロナ禍およびコロナ以前から、人材育成の課題は各社山積しており、同社は、従業員の能力を抜本的にあげる〝パフォーマンスラーニング〟を実現するUMUシステムを日本市場へ普及させる役割を持っています。

新人研修、マネージャー研修、営業研修など様々な場面で当たり前のように行われてきた〝集合型〟研修が、コストや学習定着の観点から「果たして効果的な学習形式なのか？」という議論は世界中でなされ、テクノロジーの進化とともに新たな学習形式が開発されています。UMUシステムは、マイクロラーニングと呼ばれ、高い集中力が持続できる数分の学習コンテンツを組み合わせて研修カリキュラムを作ることができ学習効果が高く、忙しい日々の業務に組み込むことができ、また、インタラクティブな機能が多彩なので、インプット→アウトプット→コーチングを繰り返すことでパフォーマンスの向上を実現するプラットフォームです。通常、育成段階で、何かしらの教育の成果を社員が上司または教育担当者にレビューをする際に、事前にAIを使って社員が予習や復習ができるところなどは非常に驚きでした。弊社も研修事業を持っていますが、OFFJT研修は、結局前後のフォローありきで実施しなくては意味のないものになることが多く、しっかりと現実の仕事の中で成果をあげてもらうための教育コンテンツを作りたいと考えていたところ、同社サービスに触れ、一気に一緒にやっていきたいと思ったものです。

同サービスは、元google社員が中国で創業、開発され、今日では世界で多くの企業が導入を始めています。当然ここには、有能な技術者の存在は必須で、行われてきたものであるものは言うまでもないですが、これを他の会社ができるかと言ったらなかなか難しいものであることも周知の通りです。

ここで私が申し上げたいのは、同社のサービス内容もさることながら、ユームテクノロジージャパンという会社は、本体（中国）で開発されたサービスを日本市場に販売する営業会社であることです。

すぐれたソリューション、サービスを用いて、営業については、パートナー企業に任せる。

こういったビジネスモデルもありだと考えます。

自社と同業、同職種の企業が多く存在する場合、自社の取り組みから見えたノウハウをテクダン・テクジョとともに、ＡＩビジネス化し、自社と地域が被らない同業系にそのソリューションを営業パートナー企業とともに販売していく。そんなことも考えられるのではないかと思い、同事例をご紹介させていただきました。

【会社名】ユームテクノロジージャパン株式会社
【設　立】2018年2月
【事業内容】インターネットテクノロジーを利用した教育ラーニングプラットフォームの販売
【代　表】松田しゅう平
【従業員数】社員16名
【本社所在地】東京都

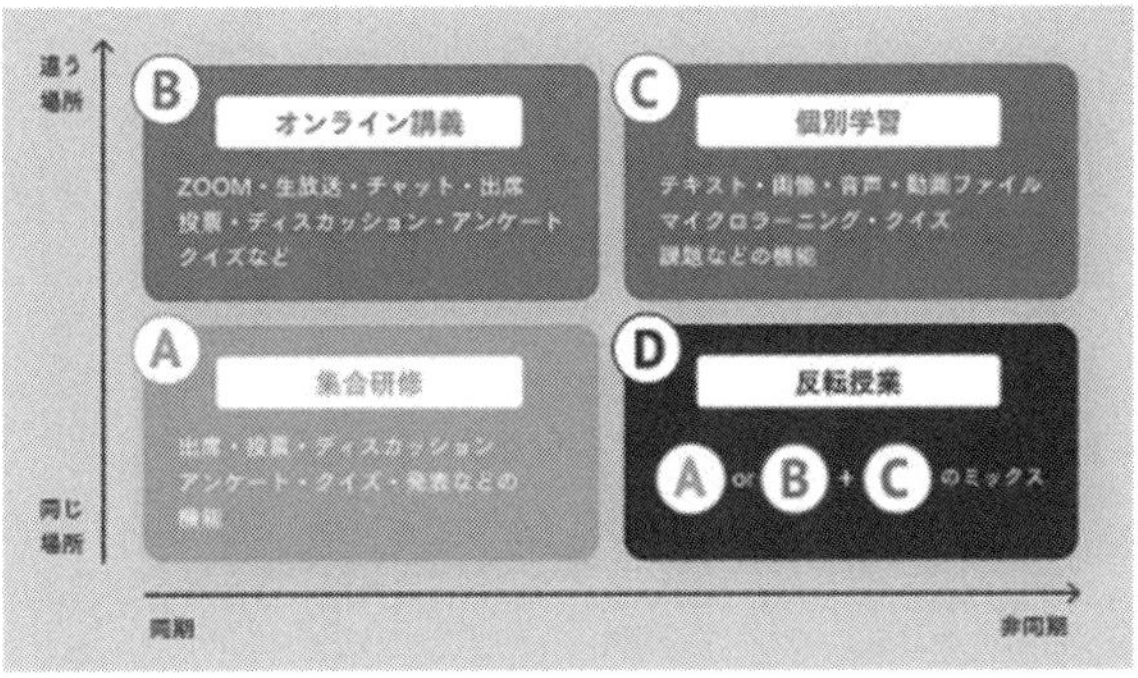

☑ 1時間かかるスカウトメールが3分で終了

もう少し身近な事例もご紹介させていただきます。

次は、弊社レガシードでのテクダン・テクジョの活用事例です。

レガシードは、社員+内定者合わせて約80名のところ、テクダン・テクジョは、現状6名おります。

当社のコンサルティングスタイルは、たとえば採用で言えば、採用の設計コンサルティングといって、自社の未来から逆算した採用活動計画づくりをコンサルティングしていくものから始まり、集客や学生の見極めと志望度向上に向けたコンテンツ制作や様々な実行支援、定期的な進捗支援と、ノウハウ×ツール提供×実行支援とお客様と一心同体で仕事を進め、成果にコミットしていきます。

お客様のスカウト業務を弊社のコンサルタントが代行して実施させていただくということも日常的に行っております。スカウトメールというのは、ターゲットの学生個別に学生の情報を読み込み、その学生にあったメール文を作成し、インターンシップや、説明会、選考会への参加を勧誘していくということが求められ、従来であれば、数人送るのに数時間かかるといった現象もよくあることでございました。もちろん、マネジメントとして、効率化を図るために、なるべく同ターゲット系の学生を選んで、文面も、一部は個別に書きますが、部分的に流用させるといった措置はとってきましたが、生産性向上は目下課題でありました。

そんな状況をある新人のテクダンが、条件分岐を決めて整理すればもっと簡単にできると思いますと、自ら簡単に設計し、マクロを組んでたった3分で実行できるものとチェンジしてくれました。この手の類は、もっとたくさんあり、たとえば、営業のために顧客リストを作成するのですが、リクナビやマイナビなどに掲載している企業は基本弊社はすべて顧客ターゲットなのですが、これらもリスト化するのには手作業では時間がかかりますし、帝国データバンクなどの企業情報＋採用情報まで整理するのに多大な時間がかかります。これらも、内定者であったテクジョが1～2時間でリスト化をマクロを組んで実行してくれ、営業の生産性が過去よりも10倍に

なりました。従業員も感動し、内定者のポジティブな受け入れと、期待を醸成することができています。

テクダン・テクジョを採用して、最初から大きなプロジェクトを行わせるのも良いですが、このように足元の身近な仕事の簡単な効率化から始めさせていった場合、意外に社員からの受けがよく、スムーズにオンボーディングしていけるのではないでしょうか?

そして、社員と良好な関係の中、業務をしっかり理解してもらって、次の変革を創る提案を求めていくのも一つの方法論だと考えます。

テクダン・テクジョが中小企業の技術を大爆発させる

ここまで、いろいろと述べてきましたが、テクダン・テクジョの採用と効果的な活かし方と、それに伴ってできる効率化や事業開発によって会社をさまざま成長させていく方法論をここで今一度整理させて頂きます。

中小企業を伸ばす方向としては、

〈0→1〉今ないものをあらたに創造していく

〈1→1.5、2〉現状からさらに効率化、生産性をあげるの2軸あり、それらを実行に移す上で、弊社や私がご支援している企業の実績、また世の中の事例を踏まえて以下の６つのプロセスがあると考えます。

1. まず自社でできそうなプロダクトやサービス、効率化について仮説を立てる
2. テクダン・テクジョに身近な効率化から提案させ、既存社員との関係性作りを求める
3. テクダン・テクジョが業務理解が進んだのち、世の中の好事例などを参考にしながら仮説をともに検討し、小さく踏んだソリューション開発を求める
4. その成功モデルから将来のステップをともに明確にする（このタイミングでは経営計画として具体化すると良い）
5. 自社の課題に応じて、開発にかかる工数やコストを整備する（必要に応じて出資、外部企業との連携も）
6. 毎年の計画的なテクダン・テクジョの採用により、さらなる精度向上、多方面展開としていく

経営計画と同じですが、10倍伸ばすゴールを逆算し、計画的なテクダン・テクジョの採用と活用で、皆さんの企業を爆発させて下さい！　その経験が、テクダン・テクジョの生きがい、やりがいにつながれば、さらに限界突破していくでしょう。

第８章
AI時代の理系人材「育成」のコツ

☑ 入社後、テクダン・テクジョを育てるコツとは？

ここまで、テクダン・テクジョの採用や活用法を述べましたが、この章では、実際に入社後どのように育てたらよいかについて、コツをご紹介したいと思います。

1．ゴールイメージをつけてから逆算する
↓順番で教えない

◎仕事は順番に教えてしまいがちだが、それではできるようになった後の自分が見えずにつまらない状況が続いてしまいがち。先に「できるようになった自分」をイメージさせてから教える「逆算思考」がポイント

皆さんも小学生の頃、算数の勉強で「答えから逆算して正解かどうか確かめる」ことをした経験があるのではないでしょうか。

この「逆算」という考え方を用いた解決法が、「逆算思考」です。逆算思考はビジネスにおいても、効率化を促すための思考術として重宝されることが多々あるもの。ゴールを先にイメージすることで、到達するために必要なプロセスをプランニングできるようになり、計画通りにアクションを起こすことで、最短距離で業務が遂行できるようになるのです。

これは、テクダン・テクジョがとても得意にしている思考法です。

設定したゴールに到達するための要素を、段階やステップごとに細かく設定していくことで、彼らは着実にゴールまでの道のりを導き出していきます。

逆算思考は様々なビジネスシーンにおいて活用できるスキルの一つであり、テクダン・テクジョの育成には、こうした思考法を大事にしながら接していくことが大切なのです。

逆算思考と反対の思考術は「積み上げ思考」で、必要なプロセスを最初から順番に教えていく方法です。その場合、いつまでたっても目標に到達した後の自分の姿が見えず、退屈でつまらない状況が続いていくことになります。

専門的な仕事であればあるほどクリアすべき要素は多く、難解なのです。技術系の仕事は、最終的なアウトプットを出すまでに、覚えなくてはいけないもの、身に付けなくてはいけないスキルや知識が山ほどあります。

テクダン・テクジョはある意味でせっかちです。そのときに、一つひとつ丁寧に順番に教えて…なんてやっていると、きっと退屈の極みに達してしまいます。

これを覚えた後に何が実現できるのか、どうなるかが想像できなければ、彼らのモチベーションは湧き上がりません。逆に、到達点を先に見せてくれれば、そのプロセスは「自分で考える」という、問題解決力のスイッチが自然とＯＮになるのです。

彼らの武器である素養を最大限に活かして成長を促していくためにも、ゴールイメージをつけてから逆算する「逆算思考」を活用した育成法を、ぜひ意識してほしいと思います。

ただし、プロセスをどうするかは彼らテクダン・テクジョに任せるとしても、目指すべき到達点や着地点を経営者自身がしっかりと把握しておかなければ、そうしたアプローチもできないでしょう。ゴールを明確にして、それを彼らに明示することから始める「逆算思考」で、テクノロジーの能力発揮をぜひ最大化させてください。

2．成長を見える化する
↓数値に落として、差分（育成目標）を明確にする

◎人間の意識や技量という見えないものを数字にして、目標や差分を「見える化」する。「どうすれば成長できるか」という方程式を生み出せば、理系は一気にドライブする

ビジネスの世界で、よく「見える化」という言葉が使われます。本書でもこれまで何度か登場したフレーズでもあります。

あらためて、「見える化」とはどういう意味を指すのか。企業活動における「見える化」は、どのような業務がどのような流れで行われているのかという業務プロセスの実際を、数値やグラフや図表などを使って目に見えるようにすることです。

この「見える化」という概念を初めて使ったのは、あのトヨタ自動車です。１９９８年に、当時のトヨタ自動車株式会社の岡本渉氏が発表した「生産保全活動の実態の見える化」という論文発表を経て、見える化の原点となる取り組みが始まったのです。

トヨタの生産ラインにおいて、異常があった際に知らせるランプを設置し、ランプの色によってどのような種類の異常かが瞬時に分かる仕組みを確立。つまり、みんなに「見える」ようにしたわけです。この方法は、生産現場における「見える化」の原点となり、定性的でなく定量的な思考が生まれるもととなりました。

定量的とは、数字をものさしとして、物事の量・質を表現すること。逆に定性的とは、な面で表現することとです。

テクダン・テクジョは文系に比べて定量的思考で物事をとらえる特徴があるといえ、ビジネスではそうした思考が重視される局面が多々あります。定量的な思考性を現場に持ち込む点でも、理系人材を採用するメリットは高いといえます。

つまり理系人材というのは、曖昧な定性的な状態であると、モチベーションがなかなか上がりません。彼らは、常に定量的に示される研究結果をもとに学問を進めてきた習慣がありますから、社員の育成に置き換えた場合も、成長の度合いをパラメータ化しながら進歩を促すことが大事なのです。

たとえば、業務スキルの評価についても、「できた」または「できていない」というAll or Nothingではなく、進捗は70％なので4の評価、54％～69％であれば3といったように、定量的で明確な基準に基づいた評価をしていく。プロセスを細分化させて、各項目の達成度合い、またそのスピードなどを数値化して評価していくということです。


目標や指標を追っていく中で、変化の度合いを定量的に測りながら改善を促していくことが重要で、それが評価プロセスの「見える化」です。

業務スキルの習得度はもちろん、仕事に臨む意識の持ちようや、成果創出につながる行動の実施度などを指標化し、「見える化」することによって、テクダン・テクジョの成長は加速していくことになります。

加えて、仕事のミッションや社員への役割期待のほか、業務プロセスにおいても、最初の開発や製品企画、設計のフェーズで目標を明確に規定し、達成度を数値で示していくわけです。

今やGoogleやAmazonもそうですが、人材や組織に関する様々な事柄を限りなく数値化しています。

たとえば、チームの労働生産性を高める重要な要素は「心理的安全性」であるとGoogleが

２０１５年に発表して話題を集めました。Googleは、生産性の高いチームが持つ共通点を見つけるために、２０１２年に「プロジェクト・アリストテレス」と名付けた調査を行い、膨大なデータを蓄積。そこから、生産性向上につなげるための〝公式〟を導き出しました。

このように、データの活用で業務改善につなげていくことが世界的なトレンドでもあり、それはテクダン・テクジョが非常に得意とするワザでもあるのです。

こうした論理的な根拠を裏付けに成長を促していくのが、理系人材を上手に育成していくコツとなります。自身の数値評価が上がっていくことが認識できれば、成長への実感値となって、モチベーションがさらに上がっていく。定量的要素を軸にした循環型の成長プロセスが、理系にとっては大事なのです。

逆に文系の人は、そんなふうにドライに評価されることを嫌います。「もっと数字に表れない部分を評価してほしい」「私の頑張りは数字では表せない」といったセリフは、テクダン・テクジョたちにとっては「？」と感じる摩訶不思議なフレーズ。そうした違いをしっかりと認識してほしいと思います。

↓モチベーションリソースを「報酬」に置く育成術

◎モチベーションリソースを報酬にしている会社は、インセンティブなどの基準を見える化し、

モチベーションアップへとつなげていく

人材を育成していく上で欠かせない「報酬」について、理系人材の場合はどう位置付けるべきでしょうか。それは、あなたの会社が社員のモチベーションリソースをどこに置いているかによって変わります。

給与でモチベーションを上げようという会社であれば、やればやった分だけ報酬が増える「成果報酬型」で良いでしょう。

テクダン・テクジョの代表格であるエンジニア職でも、自分が創り出した製品の価値を〝粗利換算〟することで、仕事の成果を定量的に示すことは可能です。

たとえば3000万円の売価である製品をつくるためにかかった外部購入費を差し引き、売上総利益（粗利）を出します。粗利金額が1500万円…といったときに、目標値として「半期で粗利1億円」と設定し、越えた分はすべて賞与にする…というインセンティブを仮に設ければ、社員のモチベーションはきっと跳ね上がるでしょう。

モチベーションリソースを給与や報酬にしている会社は、報酬規程を見える化し、社員の付加価値に値段をつけるべきです。マーケットインの発想ができないと技術者の現状に頭を悩ませるのではなく、このような仕組みで、そもそも技術者にも収益性を考えてもらう習慣にしていくこともあわせて考えていかなくてはいけません。

一方、報酬を給与のような物資的報酬ではなく、仕事のやりがいのような意味意義的報酬をモチベーションリソースにしている企業は、顧客の満足度や製品やサービスの質など、会社がビジネスにおいて何を重視し、何をモチベーションリソースにしているかで変わってきます。それを明確にした上で、社員の意欲を上げていく取り組みを行うことが、上手な育成へとつながっていくのです。

具体的には会社が作り出したい価値や社会に貢献したい価値と、テクダン・テクジョがやっている仕事とを、一本の線でつなげてあげるということです。

ただし、世の中の人事制度はいまだに文系の社員が策定していることが多く、評価や報酬の基準も非常に曖昧なケースがあります。

抽象度が高い規定や基準の中で技術職が評価されるのは、彼らにとって、苦痛この上ないもの。可能な限り具体的で、定量的な事実をベースに評価していくほうが、テクダン・テクジョの納得感および、モチベーションが高まるのは間違いないのです。

3．行動を具体的に気づかせる
→すぐに行動に落とせる、イメージできる内容にして伝えていく

◎「検討する」などの曖昧な言葉では行動できない。もう一歩、二歩踏み込んで、具体的に何を

するのかを示すことが必要

皆さんも職場や取引先で、「前向きに検討する」「対応を協議する」「速やかに対処する」…などの言葉を聞いたことがあると思います。「お役所言葉」とも言われ、行動の伴わない中身のない宣言に終始してしまうことが多々あります。

私はデンソーテクノに在籍していたとき、周りのエンジニアたちに、「分かりました。検討します」と伝えると、露骨にイヤな顔をされていました。

「検討する？　それって、やらないことだろ」「何をどう検討するのか、具体的に説明してほしい」と言われたものです。

彼らは、その言葉が何を意味するのかを常に明確化してほしいと考えています。「前向き」とは何を基準にして判断するのか、「対応を協議する」とは具体的に何を話し合うのか。

紋切型の常とう句は決して好まず、「この企画について、○月○日までに、○○の観点で導入後のメリット・デメリットを分析し、○月○日に結論を出します」というふうに、具体的で明確な指針の伴う言葉でなければ、実際の行動へと落とし込めないのです。

抽象的な言葉や指示では、テクダン・テクジョは動けません。動いたとしても、持てる能力をフルに発揮できる状況にはなり得ません。曖昧な表現では分からないし、伝わらない。いつもよりもう一歩、二歩踏み込んで、具体的に何をするかを示すことが必要です。

すぐに実行に移せる言葉に落とし込んで伝え、行動すべき内容を具体的に示すことが大切なのです。

しかも、それが筋の通ったものでなければ動かず、業務命令だとしても、筋違いのものであれば途端に動きは鈍ります。逆に筋が通っていたら、やりたくないことでもきちんと行動に移す。それがテクダン・テクジョなのです。

彼らは、確固たる事実に弱いという特徴があります。感覚的な話ではなく、事実とデータを見せられると弱い。逆に理にかなったものであれば、きっと動きます。そのことをうまく活かしながら、上手な育成へとつなげていきましょう。

☑ テクダン・テクジョをうまく活用するコツ

1. 学んできた知識、スキルとやってもらいたいことの筋を通す
↓直接活かせなくても、派生や発展によって活きるというロジックを作る
◎先行投資をして勉強してきた知識やスキルを活かすことがやりがいにつながり、アウトプットが変わっていくテクダン・テクジョの多くは、学生時代に専門的な学びを積み重ね、自身の学部や専攻にこだわりやプライドを持っています。そのため、「理系」というジャンルでひとくくりにされることに抵抗のある人は少なくありません。

たとえば、初めて採用した理系人材に、「さあ、得意分野でしょ」とITシステムの社内構築を全面的に依頼する経営者や担当者がいるとします。けれども、実際には理系の学部や専攻はさまざま。情報システムではなく、数学や物理を専門的に勉強してきたテクダン・テクジョもいるのです。

そのとき安易に、「さあ、ITをやってほしい」というと、「どうして私が？」という状況になることがあります。もちろん、新卒入社の社員がいきなり「なんで⁉」と露骨に拒否反応を示すことはないでしょうが、心の中では「私は物理を専攻していたんだから、ITはちょっと…」などとモヤモヤをためているのです。

会社としては、せっかく採用した理系人材ですから、IT構築に力を発揮してもらわなければなりません。

そこで考えたいのが、「専門的に学んできたことが直接活かせなくても、そこから派生や発展をさせれば、キミの知識やスキルは会社や社会の役に立つ」というロジックを作ることです。

たとえば専攻してきたのが物理学であるなら、素粒子理論や物性理論などを使って、仮説・検証を繰り返す研究を重ねてきているわけです。

「確かに物理の専門知識自体は直接業務には使わないかもしれないけれど、起こる事象を論理的にとらえ、再現性のあるフレームを作りながら、実験を繰り返していく強みをぜひ仕事に活かしてほしい」という話をします。

「キミが積み重ねてきた専門性は他の人にはないもので、その知識とITをつなげることで、必ずや新たなソリューションが生まれるはず」…という話は、テクダン・テクジョのモチベーションを大いにアップさせます。


仮に学んできたものがダイレクトには関連しなくても、学びの背景にあった専門知識や研究の進め方は自社のビジネスにきっと活かせます。

テクダン・テクジョが学んできた専門領域を、自社の事業領域と組み合わせることで創り出せる新たな価値について、既存の社員と一緒に考えていきたいものです。

2. 期待・役割を論理的かつ具体的に伝える
↓曖昧かつ抽象的な表現で終わらせない

◎やってほしいことや期待感を、感情に任せて伝えるのではなく、背景を含め論理的に伝えることが大切初めて理系人材を採用した会社は、当然のことながら彼らに大きな期待をかけ、会社を変えてほしいと思っていることでしょう。

それを現実のものとできるか否かは、経営者や部門担当者がどのようなアプローチで彼らのモチベーションを引き上げていけるかにかかっています。

そのために欠かせないのが、期待役割を論理的かつ具体的に伝えること。これまでも折にふれて説明してきましたが、やってほしいことや期待感を、曖昧で抽象的な表現ではなく、背景を含め具体的かつ論理的に伝えることが、〝テクダン・テクジョの活用術〟においても非常に重要なのです。

「とにかく気合と根性でやってみろ！」といった精神論や、「まあ、任せるからとりあえずやって」といった〝丸投げ意識〟が見えると、彼らのモチベーションはぐっと下がります。

けれども、経営者や担当者自身は理系のことはよく分からないため、抽象的な表現しかできず、結果としてすべてを〝丸投げ〟してしまう…というのはよくあること。そうならないように、分からないときは一緒に考える姿勢を見せるべきです。

そして、自分の中にある目いっぱいの知識を示した上で、「ここが分からないし足りないから、キミの知識と技術で助けてほしい」と、率直な物言いで向き合うことが大事です。

妙な知ったかぶりをすることなく、分からないときは分からないと素直に伝えながら、一緒に新たな業務を進めていきましょう。

3．論理のあとに感情を添えて心理的安全性を作る

→なぜ必要とされているかの腹落ち感を前提に、感情に寄り添う

◎心理的安全性は人が仕事で活躍する上で必須の項目であるが、情緒的な表現だけでは理系には伝わらない。「なぜあなたが必要なのか」を具体的かつ論理的に伝え、腹に落ちた状態で感情的な言葉を使うことで、テクダン・テクジョにはスイッチが入る

先の項で、労働生産性を高める重要な要素は「心理的安全性」であるとGoogleが発表して話題を集めたと紹介しました。

以来、心理的安全性という事柄に多くの企業が関心を寄せるようになったわけですが、あらためてその定義を紹介すると、「他者からの反応に怯えたり、羞恥心を感じたりすることなく、自然体の自分をさらけ出すことができる状態」。つまり、社員やチームのメンバー同士が自由に意見を交わせる状態にあり、極めて労働生産性の高い状態で仕事ができる環境にあるということになります。

これを、テクダン・テクジョに対してつくろうとした場合、「なぜ自分が必要とされているか」の腹落ち感がやはり重要です。情緒的な表現だけでは伝わらず、なぜあなたが必要なのかを具体的かつ論理的に伝え、腹に落ちた状態で感情的な言葉を使うことで、テクダン・テクジョの心理的安全性のスイッチがＯＮになるのです。

何かに悩んでいる状態でも、「どうした？　大丈夫か？」では不十分で、「キミは○○の技術を持っているし、この中で○○ができるのはキミしかいない。だからキミに任せているんだ」と筋を通す話をして、腹に落ちている状態をつくった上で、「一緒に頑張ろうな」と感情に入る表現でアプローチしていくわけです。

それによって、テクダン・テクジョの自発的行動は促されます。最初から感情だけに寄り添うようなマネジメントでは彼らは育てられず、逆に論理的なアプローチだけでは不十分な場合もあるわけです。

ロジックから入って腹落ちした上で、感情的な言葉を添えてモチベーションを引き上げる。それがテクダン・テクジョの上手な活用術の基本であることを、ぜひ知っていただければと思います。

第９章
理系人材の日本分散計画

☑ 使命の一つはグローバルに活躍できる人材づくり

私はデンソーテクノの人事部を辞めるときに、ある役員に言われた言葉があります。

「うちを辞めるのはいいけれども、これからはグローバルに活躍できる人材をつくってくれ。そういう仕事をするのだったら、辞めてもいいぞ」

そう、はっきり言われて送り出されました。

私自身、そのときの言葉は今も心に残っていて、自分が仕事をしていく上での明確な指標となっています。つまり、自分の人生を通してのミッションの一つと位置付け、ことあるごとに思い返しています。

会社を辞めるまでは、「活躍できる人材をつくる」の枕詞は、あくまでも会社のため、というものでした。それが明確に、「日本の企業のために」という想いに変わったのです。

日本の大学教育でも、近年ようやくグローバル教育といった言葉が聞かれるようになりましたが、まだまだ十分ではありません。その中で、本当の意味でのグローバル視点、グローバル人材を育てるためにはどうすれば良いか。

デンソーテクノを退社以来、自問自答を続けてきた中で、その答えとなる一つが、日本の中小企業に理系人材を分散させること。様々な企業にテクダン・テクジョが散らばっていくことで、それぞれの企業に新たな価値を創り出し、イノベーションを生み出す後押しをしたい、という想いだったのです。

最近出会った人材の中に、26歳のある経営者がいました。彼は18歳や19歳の学生時からアメリカ・シリコンバレーに行ってインターンを経験し、ビジネスの勉強を積み重ねてきたと言います。10代からグローバルな空気に肌で触れ、自身の感性を磨き、現地のビジネスのダイナミズムに接してきたわけです。まさにグローバルな視点そのものを養い、ビジネスの感性に磨きをかけてきました。

26歳には見えない落ち着いた物腰の彼は、経営する自社のビジネスを他社とコラボさせ、新しい何かを生み出していきたいという気概について話してくれました。

私は素直にすごいと思いましたし、こうした人材をどんどん生み出し、中小企業を活性化して日本経済のポテンシャルをどんどん広げていきたいと考えたものです。

彼のような例は突出しているとしても、アベレージレベルで、日本の学生がそうしたグローバル視点をもてるよう、私もサポートしていきたいと考えています。これは、理系人材にかぎらず、すべての学生に言えることですが…。

その意味で私は、グローバルに活躍できる人材の素養は、３つあると思っています。

1. 逃げずにやり切る「完遂力」がある
2. 実際に行動に移せる「実行力」がある
3. 全体を俯瞰する「視野の広さ」がある

つまり、グローバル視点で俯瞰して物事をとらえ、あるべき姿と現状のギャップをとらえながら課題を明確化して実践につなげ、それをやり切る人。そうした人材は、間違いなくグローバルな舞台で活躍していくことができると私は思います。

こうしたグローバル化の現実を見るまでもなく、今の時代はもはや、一つの会社でビジネスを拡大したり、まったく新しいビジネスを創り出すのは難しくなっています。大手や中小ベンチャーなどを含めた様々な企業のコラボレーションなど、関わり合いを持ちながら事業やビジネスを進めていく必要があるのです。

だからこそ、テクダン・テクジョを積極的に採用して、その会社の技術やソリューションを際立てながら、理系人材がそうした企業同士をつないでいくキーマンになってほしいと私は思います。

それができるのがテクダン・テクジョであり、企業の競争力を向上させる原動力になるもの。そのチャンスは、どんな中小企業にも必ずあると確信しているのです。

先に挙げた26歳の若き経営者は、エンジニアなどの技術職ではないのですが、自分の会社に共同経営者となるパートナーのエンジニアを置いて、一緒に事業開発を行っています。優れた「テクダン」と一緒にビジネスを進めることで、高品質のソリューションを出すことができているわけです。

実はその会社は株式会社 Traimmu といって、レガシードは2021年1月にM&Aを成立させました。お互いに事業シナジーが生まれる関係性にあり、今後大きなビジネスメリットを生み出せるとワクワクしています。

まさに、1+1が3にも4にもなるような相乗効果が期待されるコラボレーション。当社のテクダン・テクジョたちにも、自らの可能性を広げるべく、新たなビジネスを牽引するエンジンとなってほしいと願っています。

☑ 人の可能性を信じるところから、成長は始まる

私は理系人材の採用や育成のコンサルティングの経験を通じて、学生たちが企業に入社後、大きく成長していく姿を数多く見てきました。

就活時に不安いっぱいな顔をしていた彼や彼女が、些細なきっかけで自信をつけ、見違えるような成長を遂げた例をたくさん知っています。そのたびに、若者の持つ無限の可能性に感動してきたものです。

少し話がそれますが、ここで聞いていただきたい話があります。

実は私は26歳のときに、メンタルヘルスに難を抱える女性とお付き合いをして、その後弁護士沙汰になってお別れをしたという苦い経験があります。精神的に不安定であることの多い女性で、放っておくと自分で命を絶ってしまいかねないと感じることもあるほどでした。けれども彼女の不安定さは治らず、状況は悪化するばかりでした。最終的に金銭問題にも発展してしまい、相互の両親ならびに弁護士も出てきて関係を整理しなくてはならない状況まで追い込まれたのです。今当時のことを振り返ってみると、自分がもっとやれることはなかったのか、対処の仕方が間違っていたのではないか…という後悔が募ってくるのです。彼女の想いや心情に心の底から寄り添うことが自分にできていたのか、自分の甘さがまねいたことではなかったかと後悔に似た気持ちが残っています。

また、デンソーテクノ時代にも、優秀な人材と思い、魅了付けして入社させたあまたの人材の中でも、入社後配属部門のミスマッチ等でつらい思いをさせてしまった人材もいて、それがその後の配属の方法を変革するポイントにはなったのですが、当事者の人材にとってみれば新社会人という門出の中で苦い経験として残ってしまった可能性も高く、本来適切な部門へ配置できていれば、もっとスムーズにキャリアをスタートさせられたのではないかという反省です。

何が言いたいのかと言うと、基本的にすべての人材には可能性という価値が必ずあると考えていますが、それを発揮、開花させられない状態においては、社会や企業にも大きな責任があると思うのです。少なくとも新社会人として世の中に出ていく学生たちの可能性を、心の底から信じてあげたいのが、私の持論です。

信じ切るという気持ちを大事に、私自身、学生やクライアントに対して、後悔することのない関わり合いを続けていきたい。そう強く思います。

学生たちは誰でも絶対に、未来につながる可能性を存分に持っています。その可能性を発揮させてあげられる企業であり、その人が持つポテンシャルを発揮できる社会であってほしい。理系人材にも文系人材にも愛される、彼らの可能性を育んでいけるような文化を育んでいける企業を増やしていくことも、私の使命の一つだと思っています。

レガシードに毎年2万人の学生が来る理由

採用を中心とした人事コンサルティングを専門に行う当社レガシードは、従業員80名ほどの中小企業ですが、就活においては毎年約2万人の学生からのエントリーがあります。

その理由には様々なものがありますが、象徴的な一つとして、当社が掲げる「はたらくを、しあわせに」という経営理念にそれが内包されているのではないかと思います。

学生の中には、働くことは「辛いことなんじゃないか」「嫌なことなんじゃないか」というとらえ方をする人が少なからず存在します。そうした思いを無くし、働くことを幸せに感じるものに変えていきたい――との思いを強く込めたのが、この理念なのです。

そこに今の学生たちが共感してくれて、想いがフィットしている部分があるのかな…と感じています。


学生たちが、「働く」という行為を最も近くで見てきたのは、多くの場合で父親や母親の姿でしょう。その中で、働くのが嫌なお父さんが、家の中で上司の文句や会社のグチばかり言っているのを聞くと、子どもながらに「働くことは辛いこと…」と思うに違いありません。

また、就職活動で足を運んだ説明会では、いろんな企業が自社のことを美辞麗句で着飾って学生たちに聞かせます。素晴らしい会社であり、やりがいのある仕事であることを、熱心に学生たちに説明するわけです。

まさにネガティブとポジティブが混沌とした状況に、「何がホント?」と疑心暗鬼になる学生は少なくないかもしれませんね。

その点、私たちレガシードは、そのどちらにも当てはまりません。

社員みんながワクワクした表情で仕事を楽しんでくれていますし、企業説明会の場でも、参加した社員たちは美辞麗句などそっちのけで、そろってこう説明するんです。「仕事はめちゃくちゃきついですよ」と。

当社のメイン業務である採用コンサルティングでは、入社1年目から、並みいるクライアントの経営者の方々と対等の立場で商談や交渉をしていかなくてはなりません。何かあったら契約破綻…という緊張感の中で、日々の仕事をしていくわけです。

プレッシャーも大きく、決して楽なものではありません。その事実を、私たちは就職説明会で正直に学生たちに話します。にもかかわらず、私たちの会社には毎年2万人もの学生たちがエントリーしてくれるのです。その理由はなんでしょうか。

私は、働くということには、「働きがい」と「働きやすさ」の2つの要素が必要だと思っています。働きがいとは、自分が行った仕事が、誰のためにどう役に立っているのかを実感できること。そうした仕事をつくり、自分からそれを実践できるようになることで、働きがいは得られていきます。

でも、そのプロセスには過酷さや困難さが伴います。障害を乗り越えていくために、「働きやすさ」が必要なのです。オフィスの環境や、就業の制度や仕組みを整える。その2つの要素がそろってこそ、社員を責任を持って迎え入れ、一緒に成長していくことができます。

その上で私たちが目指すのは、就活生と企業をつなぐ本質的な採用活動で両者をマッチングさせることであり、制度設計や組織作り、採用後の育成方法などをコンサルティングしていくことです。それに対して、私たちは常に正しいことをやっているという自負と信念があるからこそ、毎年それだけの数の学生がエントリーしてくれていると考えています。

第2章でも紹介しましたが、今当社では理系の人材も積極的に採用するようになり、文系社員と新たに入った理系社員と

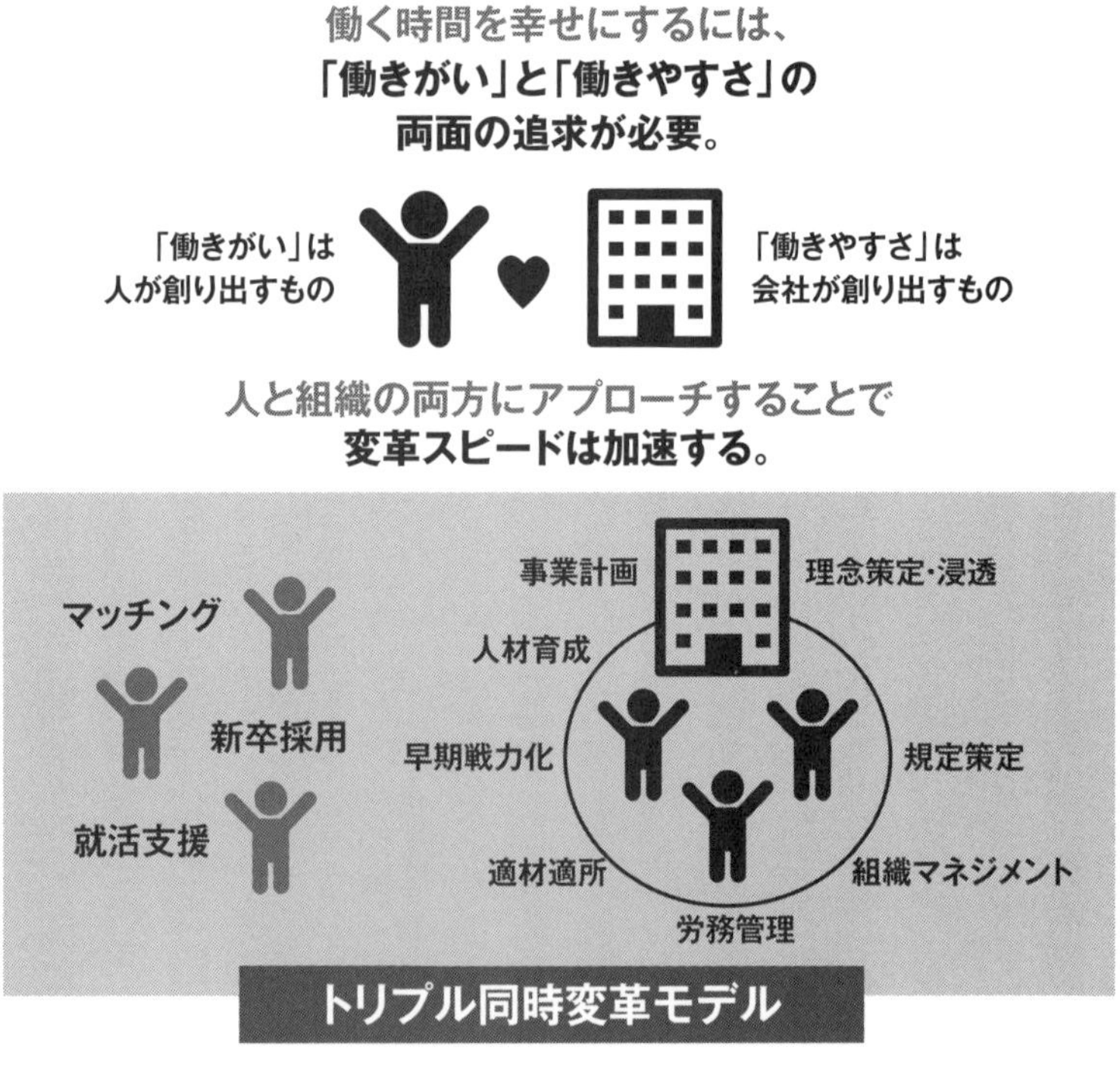

働く時間を幸せにするには、
「働きがい」と「働きやすさ」の
両面の追求が必要。
「働きがい」は
人が創り出すもの
「働きやすさ」は
会社が創り出すもの
人と組織の両方にアプローチすることで
変革スピードは加速する。
マッチング
新卒採用
就活支援
事業計画
理念策定・浸透
人材育成
早期戦力化
規定策定
適材適所
組織マネジメント
労務管理
トリプル同時変革モデル

で、良い相乗効果が生まれています。

文系社員が苦労していたような手作業を、テクダン・テクジョが自らシステムに落とし込んで仕事を省力化。明らかに業務が効率化でき、文系・理系の社員双方のモチベーションが上がるという好循環が生まれるようになりました。

お互いの良さを活かしながら、不足している部分を補完し合うことで、業務の質は大きく向上します。会社としても、多様な人材を育て、活用していくノウハウを備えていくことにつながった面が大きいと喜んでいます。

☑ 海外には文系・理系の区別がない

そもそも、「文系」「理系」のカテゴリー分類はどのように生まれたのでしょうか。

日本の教育制度では、中学や高校で早くも文系・理系のどちらに進学するかを意識させられ、選択することになるのが一般的です。けれども海外には基本的に、このような明確な区別はありません。

たとえばアメリカの場合は、大学1年次から学部、学科を決めることはせず、大学の最初の2年間は一般教養が中心です。この2年間に、歴史や数学、生物学、化学といった広範囲の一般的知識を身に付けるための学習を重ねていくのです。

つまり、最初の数年間は専攻を決める必要がなく、英語、数学などの基礎科目を取りながら、文系的な学問を合わせて学べる利点があります。海外で活躍している経営者を見たとき、文系の情緒的な思考と、理系の論理的な思考の両方を持っている人が多いと感じる所以かもしれません。

ここで確認しておきますが、私は何も、理系つまりテクダン・テクジョが最強の人材とは考えていません。あくまでも、理系思考と文系思考のバランスの取れた人こそが、最強だと思っています。

文系・理系双方の素養を併せ持つのは優れた人材に違いないですし、どの企業だって欲しいでしょう。けれどもそうした人材は数が少ない上に引く手あまたですから、中小企業の場合、残念ながら出逢わないことが多いのです。

だからこそ、双方の要素を備えた一個人ではなく、文系偏重の会社であれば理系人材を、理系が多過ぎる会社であれば文系社員を補充すればいいのです。会社を一つの単位として、文系・理系人材双方のバランスを取りながら、採用を進めていくことをおすすめします。

☑ 日本の技術を海外流出させないために

2014年3月、東芝の提携先である半導体メーカーの元社員の男が、韓国企業に研究データを漏らした疑いで逮捕されました。この事例は、技術の海外流出における氷山の一角です。

実は、海外大手企業からのヘッドハンティングという誘惑に乗ってしまう日本人の理系人材は大勢います。

ある技術者の男性は、韓国の大手企業Ｓ社から、「技術が活かせる」「高給を与える」と言われ、期待して入社しました。しかし、設計が終わり、生産ラインに乗ってしまうと、すぐに解雇されてしまったのです。

また、Apple社が日本の燕三条の金属加工会社と、技術提携をしたことがありましたが、その際に、技術を盗む社員が送り込まれていたという事実がありました。

携帯電話の裏面をピカピカに磨く技術は、その会社にしかありませんでした。しかし、その独占技術をあっという間に盗まれ、結局Apple社は、より安価な提携先を見つけ、燕三条の会社はまもなく契約を解除されてしまったのです。

このように、海外企業に技術だけを搾り取られ、捨てられる話は後を絶ちません。

なぜ、このようなことが起きてしまうのでしょうか？　その一つの大きな要因として、日本が長年、理系人材を冷遇してきた歴史があります。

戦後、日本の企業の代表は、経済学部出身者が圧倒的に多く、法学部、商学部出身などが後に続きます。理系の社員は、文系社長や文系幹部の元で、彼らよりも低い待遇で働いていました。

そのため、高給をちらつかせ、言葉巧みに引き抜こうとする海外の企業に、あっさり釣られてしまうのです。

このようなことを防止するためにも、まず日本の企業こそが、理系の人材に投資しなければなりません。技術の流出は国際競争の低下だけではなく、国防の問題にも発展していくので、絶対にあってはならないことです。

やや話が大きくなってしまいましたが、テクダン・テクジョの活用が社会や企業に恩恵をもたらす事実には、確かなものがあるのです。

☑ これからの変化の時代では〝専門性〟がキーとなる

これまでの日本は、他国から原料や素材を仕入れ、早く安く性能の良い製品を作ることを「専門性」にして、世界でもトップクラスのプロフィットセンターとして土台を築いてきました。それが日本人の強みであったわけですが、今後はそれだけでは世界で通用しません。

独創性のある企画力や、世の中を変えるようなイノベーションの実現…第7章で紹介したようなオリジナルあふれる〝コト〟の創造が、世界で求められているのです。

つまり、最新テクノロジーを活用したアイデア次第で世の中や価値観を変えることができ、GAFAのような世界的企業へとのし上がることだって可能です。日本にかぎらず、それぞれの国の強みや特徴を活かし、それをその国ならではの専門性として高めていく。そこにＩＴを掛け合わせることで、新しいソリューションは絶対に生まれていきます。

アナログの専門性や技術にテクダン・テクジョが持つ技術を掛け算することによって、新しいテックビジネスが始まっていく。つまり、各企業がそれぞれのポジショニングを明確にしながら、得意な領域を磨いていくことが、「この専門性とこの専門性をミックスしたらこんなことができる！」という発想や創造性のベースにつながっていくのです。だからこそ、専門性を際立て、育てていくことが大事になります。

近年、日本企業において、職務型人事賃金制度、いわゆるジョブ型の人事制度の導入始まっていますが、それがこういった各社の強みや高い専門性を持った技術者の掛け算によって、社会への影響力を増そうという意味につながっていくと良いと考えます。

旧来型の社員ひとくくりの給与体系でなく、個別の職能に応じた給与体系で専門的な技術の養成を後押しし、社内のイノベーションをどんどん加速させる。新たな組織構築および、「〇〇×ＩＴその他テクノロジー」による事業創造の原動力となってくれる存在が、テクダン・テクジョであるわけです。

もはや、テクノロジーリテラシーの低さが中小企業の存亡に関わるとも言える今、テクダン・テクジョの活用で、あなたの会社もぜひ新境地を開拓してください。

☑ 会社の変革は、新卒採用が後押しする

日本の企業の98％を占める中小企業。これだけの膨大な数の企業があるにもかかわらず、世の中のテクダン・テクジョたちは、中小企業に対する知識をほとんど持ち合わせていません。それはとても不幸なことです。

中小企業の中にも、決して大手に真似できないような優れた商材やサービス、独自の文化を備えているところは本当にたくさんあります。

自分の技術が活かせる可能性や、それを使って周囲に喜ばれたときのワクワク感を理解させたら、テクダン・テクジョにとって行きたい企業の選択肢にきっと入ってくるはずです。

ですから、本書を読んでくださった中小企業の経営者の方は、ぜひ自信を持って、自社サービスやソリューションの紹介や、そこに機械、電気、ＩＴなどの技術を加味すればどのようなビジネスが拓けるかという未来像を見せてあげて欲しいのです。

同時に、そうした企業の想いやスタンス、魅力を広く発信する場をできるだけ確保すべきなの

ですが、現実問題としてその機会はホームページ上の情報発信くらいで、他にはほとんどありません。

それがかなうのは、新卒学生に向けた就活の場だけと言ってもよく、企業説明会やインターンシップなどが、自社の理念や考え方、事業上の強みや魅力を言語化し発信していける貴重な機会となるわけです。


そう考えると、新卒採用の場は、企業のブランディングにとっての格好のシチュエーションと言うことができます。

実は新卒採用というのは、経営者の方はお分かりかと思いますが、手間がかかり、時間も取られ、相当に面倒くさい作業です。正直、企業にとってかなりの負荷がかかるもので、しかも中小企業であればなおさらです。

それでも私は、多くの中小企業の経営者の方々には、「新卒採用はぜひ実施してほしい大事な施策である」と言いたいのです。


特に本書のテーマである、「理系学生を採用して会社の業績を上げる」という点においては、新卒で採用することに大きな意味が含まれます。

これまで無縁だった理系学生を新卒で採用し、自社のビジネスをＩＴ化、テック化する工程を、社内で経営者を含めて一緒に進めます。それによって、経営者の考えやビジョンが言語化され、学生はもちろんのこと、社内の人間にも伝わっていきます。自社の新たな魅力を発見したり、自分自身のやりがいに気づくことで、社内の人間にとっても育成の場になるはずです。そして、かたやビジネス経験の豊富な企業側と、一方は理系的思考満載のビジネスの素人双方がグリップを強くし、腰を据えて取り組むからこそ、会社が土台から変わっていくのです。

新たに仲間に加わったテクダン・テクジョとじっくり向き合い、会社の次なるフェーズに向かってお互いに知恵を出し合いながら、新たな専門性を開拓してほしいと思います。

☑ 理系人材の日本分散計画

日本の大学における文系・理系の学生数の比率は、これまでの平均的数字で、およそ8：2と言われています。文系が80％、理系が20％で、世の中の景気動向や社会環境の変化で若干変わってくるものの、毎年こうした比率で推移しています。

そもそも、理系人材の数は文系に比べて圧倒的に少ないわけで、だからこそ、中小企業にまでテクダン・テクジョが行き渡らないという現実が起こるわけです。

しかし、結果として大手企業にばかり集まったテクダン・テクジョたちが、その後、幸せな会社生活を送っているかというと、決してそうではありません。

本書ですでに説明した、組織における2・6・2の法則を思い出してください。組織においては、2割の人間が優秀な働きをし、６割の人間が普通の働きをし、２割の人間がよくない働きをするという法則です。

つまり大手企業で仕事をしていく中で、極端に言えば上位2割の人しか、モチベーション高く仕事ができていないのではないか…ということです。

問題は、その他の8割のテクダン・テクジョたちです。専門性の高い知識や技術を持ち、もともと高いポテンシャルを備えている人材にもかかわらず、組織の軋轢に埋没してしまい、企業にとっても「宝の持ち腐れ」になっている例は少なくないと私は思います。もちろん上位2割の人材も組織の論理の狭間で我慢を強いられたり悩みも多いと思います。

大企業で部分最適の仕事に終始させられ、本当にやりたいことを実現できずにくすぶっているテクダン・テクジョたち……。

そうした中で、大手企業に偏らず、理系人材が中小企業へと分散していく世の中になれば、日本の経済は大きく変わると私は確信しています。

それが、私の考える「理系人材の日本分散計画」であり、成し遂げたい一番のミッションと言えるものなのです。

優れたテクダン・テクジョが、世の中の中小企業に自分ならではの価値を見つけ、そこで躍動感たっぷりに持てる力を発揮していけば、きっと社会に様々なイノベーションを起こしていくことができます。

一方で中小企業の経営者の方々と話をすると、「うちには固有の技術なんてないし、飛躍できる要素なんて見当たらないんだよね」と悲観的な言葉を耳にすることがあります。

でも、私はそうは思わないのです。だからこそ、こんな問いかけをしてしまいます。

「けれども、私が御社のビジネスを客観的に見たときに、固有のノウハウは確かにあるのですが、気付いていますか?」

ふだん意識していない優れたノウハウをテクダン・テクジョたちに「見える化」してもらい、そこから新たなビジネスを創り出す。そんな元気の種を、日本中の中小企業に蒔いていきたいと考えています。

先陣を切って、他社とのコラボレーションを含め、理系同士が交わることでの化学変化に、ぜひ期待してみてください。

「どうせ来てくれないだろう」などという無意味な考えはさっさと捨てて、自社の強みとなる差別化要素を際立たせ、積極的に理系人材を確保していくためのアプローチを始めてほしいのです。

その意味でも現在のコロナ禍は、自社の業態を変えていくための、大きなビジネスチャンスであると私は考えます。コロナのような感染症は、今後も数年単位で発生していくものとして、常に環境変化に対応し続けなくてはならない時代となります。

社会の環境変化によって従来の発想を変えざるを得ないとき、それまでとはまったく違う切り口や発想を持った人間に自社のビジネスに携わってもらうことは、大きな可能性を創り出すエポックになり得ると思います。

どこかのコンサルティング会社に依頼して、法外なフィーを取られながら、いっときの変化で終わってしまうのか。それとも、未来の可能性にあふれた新卒学生＝テクダン・テクジョを採用して、会社を変えていく出発点とするのか――。

企業を取り巻く環境が劇的に変わる今だからこそ、世の中の中小企業の経営者の皆さんには、そのことを真剣に考えてほしいと切に願っています。

●あとがきに代えて ～どんな中小企業にも飛躍のチャンスがある！

私は、誰もが自分の可能性に気づき、誰もがその可能性やポテンシャルを発揮できるような世の中をつくりたいと考えています。

これは私の仮説ですが、人間は自分が持つポテンシャルの約50％しか使っていないのではないかと思います。下手をすれば、20％程度しか使っていない人もいるかもしれません。

つまり大半は、持っている実力の半分ほどしか使っていない。だからこそ、誰もが自分のポテンシャルから出す力をたった10％でも向上したら、日本の企業の生産性は大きく向上できると思うのです。

もともと実力があるのに、大企業の中でうまく自分の力を出すことができず、組織の中に埋もれてしまっている人は少なくありません。

私は、彼らの可能性を信じてあげたいし、持てる力を最大限に発揮して、自らの人生が幸せになる状況をつくってあげたいと常々強く思っています。

そのためにも、「今まで知らなかったけれど、実はこんな働き場所、活躍できる場所としての受け皿がある…」ということにまずは気づいてほしい。つまり、働き場所は大企業ばかりではなく、テクダン・テクジョとしての自分らしさを発揮できる中小企業は、世の中に数多くあるんだよ…そう教えてあげたいのです。

それは、世の中の中小企業の側も同様です。経営者自身が気づいていない、自社商品・サービスのメリットや、事業の価値について思いを新たにしてもらいたい。テクダン・テクジョたちが得意にする、ＩＴをはじめとした理系思考を加えることで、新たな売上を生み出せる素地はきっと豊富にあるのです。

手前味噌で恐縮ですが、弊社は新卒採用コンサルティングを中心とした労働集約モデルの事業でここまで成長し、品川に大きなオフィスをつくりました。昨今は理系人材の育成も実施し、ＩＴによるストック型サービスの強化で業容を拡大、数年後のＩＰＯを目指しているのがわれわれ株式会社レガシード（Legaseed）です。

私たちのような無名な零細企業ができたのですから、伝統とキャリア、確固たるノウハウをもつ会社が同じようなトライをすれば、当社など比べものにならない飛躍が実現できるはず。今回本書を記しながら、あらためてその想いを強くした次第です。

最後になりましたが、この本の執筆にあたりご協力をいただきました、ぱる出版と関係者の皆様、天才工場の吉田様、潮凪様、栗栖様、デンソー時代お世話になった、加藤様、松原様、後藤様、平林様、安保様、竹内様、伊藤様、足立様、吉川様はじめ多くの皆様、ARアドバンストテクノロジ㈱武内社長ほか多くのお客様およびパートナー企業の皆様、またレガシードの代表含めすべての社員に、この場をお借りしまして深く感謝申し上げます。

杉浦　大介

令和3年3月

杉浦大介（すぎうら・だいすけ）
人事コンサルタント
1978年、愛知県・名古屋市生まれ。南山大学・経営学部経営学科卒。大学卒業後、空調メーカーに就職。そこで、量販店で働くヘルパー（メーカーから派遣する販売スタッフ）の採用、育成に携わり、人事ビジネスの醍醐味に目覚める。
その後、㈱デンソーテクノの人事部に転職し、本格的に人事のキャリアをスタート。機械系、電気系、情報系の理系の新卒採用を成功させることがミッションであった。「働く社員の意識を変えること」が採用成功のカギであると気付く。また、理系人材採用の有無により、会社の業績に大きな差が出ることを経験を通じて知る。デンソーテクノを理系人事力で、「東海地区の理系学生が選ぶ4位の企業」に成長させた。また、新人教育や人材の配置における様々な社内改革をおこない、入社後3年未満の離職者数を、限りなくゼロに近づけた。「多くの企業が抱える人事の問題を解決したい」と、採用コンサルティングを専門におこなう㈱レガシードへ転職。
著者オリジナルの、「理系採用の5原則」に基づき、1000社以上の経営者、人事責任者にアドバイス。1万人以上の理系学生と向き合い、就職指導。また、多くの経営者、人材採用担当者へのアドバイスを行っている。また採用以降の育成の仕組や人事制度構築含めた組織開発などで多くの企業の人事変革をつくっている。

株式会社レガシード：https://www.legaseed.co.jp/

理系《りけい》の[採用《さいよう》・活《い》かし方《かた》]トリセツ

2021年4月13日　　初版発行

著　者　杉　浦　大　介
発行者　和　田　智　明
発行所　株式会社　ぱる出版

〒160-0011　東京都新宿区若葉1-9-16
03(3353)2835―代表　03(3353)2826―FAX
03(3353)3679―編集
振替　東京　00100-3-131586
印刷・製本　中央精版印刷(株)

ISBN978-4-8272-1271-6　C0034